知的生きかた文庫

頭にやさしい雑学の本

竹内 均 編

三笠書房

はじめに

● あなたの「知的好奇心」度に挑戦――

世の中は〝不思議と驚き〟に満ちている！

私の専門は地球物理学です。その方面でこれまでになされた最も偉大な仕事は、一九一二年にドイツのA・ウェゲナーが提案した「大陸移動説」だと思います。

ある年のクリスマスに、ウェゲナーは友人からもらった世界地図をながめているうちに、ある事実に気づきました。南北アメリカと、大西洋を隔てたヨーロッパ・アフリカ、その東西各二大陸の海岸線の地形が、一方が出っ張っている場合には、必ず対岸のもう一方がくぼんでいるのです。したがって、この四大陸を海岸線でくっつけると、見事に一つの大陸になります。

〝こういうことは偶然には起こり得ない。もともとこの四大陸は集まって一つの超大陸をつくっていたのではなかろうか。それがある時に分裂してそれぞれ東西に移動し、現在のような大陸の配置になったのではなかろうか〞。

ウェゲナーはそう考えたのです。これが彼の「大陸移動説」の考えの出発点でした。彼はその後、天文学、地球物理学、地質学、古生物学その他のあらゆる分野を研究してデータを集め、大陸移動説の考えが正しいことを実証したのです。

こういう仮説の提案と実証とが、自然科学における最も偉大な仕事だと思います。とは言っても、こうした偉大な歴史上の発見や発明の出発点は、いつも身近なことに対するふとした素朴な疑問でありました。

たとえば、世界地図についても、すでに一六世紀にはかなり正確なものがつくられていましたが、ウェゲナーの出現する二〇世紀初頭まで、地図を見ても誰も彼のような疑問を持たなかったか、あるいは持ったとしても、それを仮説の提案と実証にまで高めなかったのです。ウェゲナーとその他大勢の人を分けたのは、ほんの少しの注意力・観察力と知的探究心の強さの差だと言えるでしょう。

ウェゲナーには及びませんが、私自身もこういう身近なことに疑問を持つと同時に、さまざまなデータを集め、いくつかの面白い考えにたどり着いたことがあります。

その経験から言えることですが、**自分の抱いた疑問が明らかになることは、非常に**

楽しいことです。そしてまた、自分の立てた仮説を裏づけるデータが見つかったときほど、嬉しいものはありません。

こうした意味からすると、**世の中は森羅万象あれやこれや、面白いことに満ちていると思います。**自分の周りをよくよく見回してみると、「おやっ？」と思うことがゴロゴロあるのではないでしょうか。当たり前のように考えていたことでも、「その原理や仕組みは？」と問われると、途端に頭を抱えてしまうことが山ほどあるのではないでしょうか。

なんでも知ってやろうの〝野次馬根性〟は大いに持ってください。世の中、あなたの好奇心を刺激してくれるネタには事欠きません。

そういう意味で、本書があなたの知的興奮のボルテージをどんどん高めてくれることは、私が保証します。

竹内　均

◎頭にやさしい雑学の本　もくじ

第1章

冷やし過ぎのビールはなぜおいしくないの？

【知っているようで、実は知らない】雑学

第2章

クロダイは性転換するって本当？

【わかっているようで、わからない】雑学

第3章

ツバメはなぜ昨年の巣を覚えている？

【つい人に話したくなる】雑学

第4章

南極と北極ではどちらが寒い？

【フトした疑問の謎が解ける】雑学

第5章

地球も月も星もみんな丸いわけは？

【思っていた以上に意外な自然】雑学

第6章

なぜ信号は世界共通、赤、黄、青なのか？

【言われてみれば気になる】雑学

第7章

目をつぶると、どうして真っすぐ歩けないの？

【森羅万象あれやこれやの面白】雑学

第8章

おやつの時間は二時が正しい？

【知っていても得にはならない】雑学

編集プロデュース　波乗社
(編集協力　ドゥ・アンド・ドゥプランニング)
本文イラスト　山口マサル
本文DTP　フォレスト

第1章

冷やし過ぎのビールはなぜおいしくないの?

【知っているようで、実は知らない】雑学

牛は草しか食べないのに、どうしてあんなに大きくなれるの？

人間は、パンやごはんを食べているだけではちゃんと大きくなれません。肉や魚、卵に牛乳、野菜に海藻、といろいろなものをバランスよく食べなければならないのです。これに対し、牛や馬、ゾウなどの草食動物はなぜ、草だけ食べてあんなに大きくなれるのでしょう。

その秘密は、体の中に棲《す》む微生物。

草食動物の胃や腸の中には、食べ物を分解する数十種の微生物たちが一立方センチメートル当たり一〇〇万もいて、植物から効率よくタンパク質を取り出しているのです。さらに、それらの微生物をタンパク源として消化してしまうというのですから、これ以上効率的なことはありません。

人間の場合には、そんな便利な微生物が体にいませんから、動物性の食べ物からタンパク質を取るしかないのです。牛は胃腸も草食用にできていて、四つの胃で十分に草をこなしたうえ、体長の二〇倍もある腸で栄養分を吸い尽くすのです。

ビールはたくさん飲めても、水はたくさん飲めないわけは？

ビヤホールでは、大ジョッキで一気飲みなんていう光景をよく見かけます。ところで、これを水に替えたら飲みほせるでしょうか。残念ながら、途中でダウンする人が続出するはずです。

これは、体の受け入れ方が違うため。

どちらも、食道から胃に入ってそこで一時溜められるところまでは同じです。しかし、水は少しずつしか十二指腸に送られず、小腸から大腸を通る間に腸壁からだけ吸収されます。

ところが**アルコールは、腸壁だけでなく胃壁からも吸収されるのです。**

また、アルコールは、炭酸ガスや砂糖を含むと吸収が早まるという性質を持っています。そのうえ、アルコールには利尿作用もありますから、たくさん飲むことができるというわけです。

リンスをすると髪がサラサラになるのはなぜ？

近頃はドラッグストアに並ぶシャンプーやリンスも、オーガニックやノンシリコンなど、さまざまな種類を見かけるようになりました。

ところで、基本的にシャンプーとリンスはどんな成分でできているのでしょう。シャンプーは、汚れを落としやすくするためにアルカリ性を強くしてあります。これに対しリンスのほうは、毛髪を傷めないように中性に近い成分でつくられています。

髪をシャンプーで洗うと、毛の表面の脂肪分まで洗い流されて髪がゴワゴワになって摩擦が増すため、髪が絡んだり固くなったりします。

そんなとき、**リンスを使うと、混ぜ込んである脂肪分が毛に乗って、サラサラの滑りやすい状態になる**のです。

リンスは、水と油と両方になじむ部分があるため、毛の表面を濡らしながら油性を持たせることができるからです。

ちなみに、石鹸で洗髪していた時代には、リンスとして酢が使われていました。

"界面活性剤"って何のこと？

台所用洗剤や洗濯用洗剤の成分表示を見ると、必ず「界面活性剤○○パーセント」と書いてあります。

この"界面活性剤"というのは、いったい何でしょう。

油を塗った布に水を一滴たらすと、水は玉になって布の上に乗っかります。液体には、なるべく表面積を小さくしようとする表面張力があるからです。

ところが、これに洗剤をたらすと、玉が崩れて布の表面が濡れてしまいます。このように、**表面張力をなくす働きをするものを界面活性剤と言う**のです。

洗濯するためには、まず洗うものをよく濡らして、繊維の隅々まで洗剤をしみ込ませなくてはなりません。そのとき、洗剤の界面活性力が必要とされるわけです。

自動車のウインドーなどに使われる曇り止めにも界面活性剤が入っています。

自動車や飛行機に雷が落ちたらどうなる？

「地震、雷、火事、親父」と昔から言われるように、人々は雷を恐れてきました。今でも時折、校庭に落雷して小学生が死亡したり、ゴルフ場でゴルファーに落雷したという悲報が報じられています。登山中の雷も要注意です。

では、自動車に乗っている最中にゴロゴロ鳴り始めたら、どうすればいいか？

自動車はボディーのほとんどが金属ですから、落雷の可能性があります。特に北海道のような広々としたところや、周囲に高い建物がない場合は確率が高いと思ってください。しかし、もし落雷しても、乗客は感電しません。**雷の電流は車体表面を通って地面に抜けるので、車内を通ることはない**からです。

飛行機の場合も同様で、機体に被雷しても、機体表面に電流が流れるだけ。たとえ機体に小さな穴があいたとしても、乗客には気づかれないことが多いようです。もちろん、落雷が燃料に引火するという心配もありません。

ミカンを食べると手が黄色くなるのはなぜ？

冬、コタツに入ってテレビを見ながらミカンをほおばっていると、ついつい食べすぎてあっという間に一〇個ペロリ。でも、そんなことを繰り返していると、手のひらが真っ黄色になってしまいます。

これは**ミカンに含まれているカロチンによる**もの。小腸で吸収された食べ物の栄養分は、血液によって全身に送られますが、ミカンを食べすぎると、それだけ血液に含まれるカロチンの濃度が高くなり、血管が透けて見える手のひらなどが、黄色くなってしまうというわけです。ミカンだけでなく、カロチンを多く含むニンジン、カボチャなどでも、同じことが起こります。

皮膚の薄い幼児は大人以上に目立つもの。一歳の男の子が全身真っ黄色になってしまい、「大変、黄疸《おうだん》にかかった」と慌てて病院に連れて行ったら、単なるミカンの食べ過ぎだったという例もありますので、ほどほどに食べたほうがよさそうです。

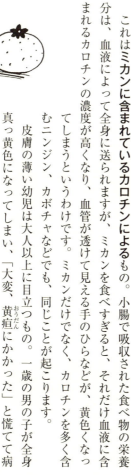

車の中で本を読むと気持ちが悪くなるのはなぜ？

長いドライブで時間を持てあまし、本でも読もうかと思ってみたものの、すぐに気持ちが悪くなってしまう気の毒な人がいます。

これは**乗り物酔いの一種で、感覚が混乱してしまうために起こる**こと。

私たちが、真っすぐ立ったり歩いたりできるのは、目、三半規管《さんはんきかん》、耳石《じせき》などの平衡器が常に体のバランスを保とうとしているためです。乗り物に乗った場合も、三半規管、耳石などが、スピードの変化、上下振動、カーブなどを正しくキャッチしてくれ、同時に周りの景色の動きを目がキャッチして、お互いの情報を一致させて体のバランスが保たれているのです。

本を読むことで一点を凝視すると、目からは周りの情報が伝達されなくなってしまい、他の平衡器から送られてくる情報と一致しなくなるため、脳の中で混乱が生じて気持ちが悪くなるというわけです。

使い捨てカイロはなぜ温かくなるのか？

四十余年前までは、平べったいステンレスの容器に揮発油を入れて使う白金カイロが全盛でした。それが今や、便利で長持ちする使い捨てカイロが主流で、格安で一般に普及しています。

この使い捨てカイロは、**鉄が錆びるときに出す酸化熱を利用したもの**。鉄が自然に錆びるときは非常にゆっくりなので、熱を感じることはありませんが、錆びるスピードを速める工夫をしたことで、熱を出す商品が生まれたというわけです。

中袋に入っているのは、鉄の粉、食塩水をしみ込ませた石の粉、活性炭、木の粉など。中袋は、たくさんの孔のあいた不織布《ふしょくふ》でできていて、外袋を破ると空気が入り、鉄の粉が空気中の酸素と結合して、錆びが始まります。食塩水は反応を進めるために働き、活性炭は空気中の酸素を吸い取って、袋の中の酸素の濃度を高める働きをしています。また、木の粉は、保水剤の役目と、鉄粉がべとつくのを防ぐ役目。

こうしたことすべてが、錆びるスピードを速める工夫というわけなのですが、忘れてならないのは鉄を粉にしたこと。小さい粒にするほど、酸素に触れる面積は格段に大きくなるからです。

さらに、揉むことで成分が一気に混ざり、錆びるスピードもグンと速まるという仕組み。なにもかも無駄がありません。

なお、途中で止めたいときは、ビニール袋などに入れて密封し、空気に触れさせないようにすればいいのです。

クモだって空を飛べるってこと知ってる?

クモと言えば、網をかけて獲物をじっと待っていたり、家の中でノソノソと歩いていたりする姿を思い浮かべることでしょう。そのクモが空を飛ぶと言ったら信じられますか。

なにしろクモは昆虫ではないし、羽もありません。羽がないのに飛べるわけはない。ところが、これが飛べるのです。

クモの卵は、母グモが糸でつくってくれた温かくてしっかりした袋に包まれて成長します。やがて卵がかえると、何百という赤ちゃんグモが袋から飛び出します。でも、彼らにはエサを与えてくれる親はいません。生まれたときから、自分の力で生きていかなければならないのです。そこで、兄弟とエサの取り合いをしないよう遠いところまで旅に出なければなりません。その方法が空を飛ぶことなのです。

クモたちはまず、高いところへと上っていきます。そして、**お尻を空へ向けて持ち上げていると、銀色の細い糸がスルスルとお尻から出てきます。そのうちに糸は風に乗って流れ始め、クモは糸の端にくっついたまま空高く飛んでいく**のです。タンポポやアザミの種が綿毛をつけて飛んでいく方法と似ています。

たどり着いたところで、クモの生活が始まるわけですが、風を利用するやり方は、そのあとも続きます。たとえば、網をかけるときも、屋根に上がって長く糸を出し、風に漂う糸がどこかにくっつくのを待って、その糸を基本にほかの何本もの糸を張っていくといった具合。

ところで、種類によって違いますが、赤ちゃんグモが巣立っていくのは、主に六月頃。ぜひ、この目で飛んでいくクモを見てみたいものです。

クモが自分の糸にかからないわけは?

クモの糸は、本当によくできています。なにしろ相手がすばしっこくって、敏感な虫たちばかり。それを捕まえるのですから、細くて、透き通っていて、なおかつ丈夫で、弾力性に富んでいなくてはなりません。

網にかかった虫たちは、必死にもがいて網から逃れようとしますが、もがけばもがくほど、網は絡まるばかり。そのとき、猛烈な勢いでクモが姿を現わし、獲物目がけて次々に糸を投げかけ、グルグル巻きにしてしまいます。そして、ゆっくりとごちそうにありつくという寸法です。

ところで、獲物が引っかかるのは、網がネバネバしているためですが、**クモの足からは油がにじみ出ていて、それに絡まることはありません。**試しに、クモの足をベンジンで拭いてから網に返してやると、たちまち粘りついてしまいます。

クモの糸で靴下がつくれる？

クモの糸は丈夫です。もちろん人間の力ではひとたまりもありませんが、太さ〇・一ミリメートルのオニグモの糸は、八グラムの重さに耐えると言います。そのうえ、ゴムのようによく伸びます。だからこそ、黄金虫のような大きな虫がかかってジタバタしても、なかなか切れないのです。

それほど丈夫な糸を、人間が放っておくわけはありません。

その昔、クモの糸で靴下や手袋を編んで王様や女王様に贈ったという話が残っています。外国には金色の糸を出すクモがいますから、それはそれは高級なものだったに違いありません。でも、残念ながらカイコのつくる絹糸のように量産化することはできませんでした。

なぜなら、糸を取るためにクモをたくさん飼うにしても、クモのエサの生きた虫を確保するのは大変ですし、そのうえ、クモは仲間同士、仲が悪いときているからです。
クモの糸でシャツやセーターをつくったら、保温性抜群で伸び縮み自由、一歳から五歳までフリーサイズなどという、便利なものができるかもしれません。

八個もあるのにほとんど役立たずのクモの目

クモには目が八個もあります。と言うと、どれほど目がいいのだろうと思ってしまいますが、これがひどい近眼。ほとんど役に立ちません。

でも、**何かが網に近づくと、網を揺すって脅かしたり、網の陰に隠れたりしますから、気配は感じている**ようです。と言っても、どんなものなのか見分けがつかないようで、雲の影が差したとしても逃げ出してしまいます。

目ばかりではありません。匂いも遠くからではわかりませんし、音を聴く耳もありません。それではいったい、クモは何で周りの

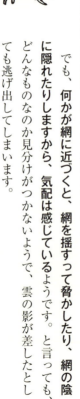

様子を知るのでしょう。

ある学者は、「空気の揺れ」で感じ取っていると言います。皮膚感覚とでも言うのでしょうか。でも、この説も確たる裏づけがあるわけではありません。もしかしたらもっと別の何か、たとえばテレパシーのような見えないものが作用しているのかもしれません。

磁石がなくても大丈夫、時計で方角がわかる!?

山を歩いていて、方角がわからなくなったら、さあ大変。地図があっても、磁石がなければお手上げです。でも、日が射していて、時計があれば大丈夫。**短針と一二時を二等分する位置に太陽を合わせてください。**つまり、現在時刻が二時なら、一時の位置に太陽が来るようにするのです。

その位置で、時計の一二時が指している方角が南、六時の方角が北、三時が西で九時が東になります。

また、短針を太陽の方向に向けた場合は、短針と一二時の方角の中間が南になります。もし、天気が悪かったらこの方法は使えません。そんなときは木の枝ぶりを見ること。枝がよく伸び、生長が早いほうがだいたい南側です。

冷やし過ぎのビールはなぜおいしくないの？

冷えたビールをグッと一杯やると、仕事の疲れが吹っ飛ぶから不思議です。しかし、冷え過ぎたビールは泡が立たず、おいしくありません。それはいったいなぜでしょう。

ビールの命は、なんと言っても泡。泡によって口当たりを滑らかにし、苦みやアルコールの刺激を和らげるので、泡がないとビール独特の味を十分楽しむことができないのです。そのうえ、冷え過ぎると香りも減ってしまいます。

泡の正体は炭酸ガスですが、これはビールを発酵させるときに

アルコールとともにできる炭酸ガスを、樽やビンの中に閉じ込めておいたもの。ビンの口を開けた途端、ビールの中に溶けていた炭酸ガスが泡になって出てくるのです。**この炭酸ガスがビールに溶け込む量は温度によって変わります。**温度が高くなるほど、溶け込む量は少なく、冷たければその量は増えるのです。

ちなみに、日本のビールは、一〇度前後でちょうどよく泡が出るように調節してあります。

なぜヤマイモはすりおろして食べるか？

ヤマイモはイモ類の中で珍しく生で食べることができる食品です。

ヤマイモには強力なアミラーゼ（デンプン分解酵素）が含まれていて、消化を促し、胃腸の働きをよくします。このアミラーゼは、生で食べたほうがデンプンの消化がいいのです。

さらに、**すりおろせば細胞を破壊することになり、アミラーゼの働きが十分利用で**

きるというわけです。すりおろしたヤマイモをさらにすり鉢でするのは、口当たりだけでなく、より消化をよくする作用もあるのです。

ただし、だし汁を加えてのばすときに熱い汁を加えると、イモが煮えてアミラーゼの作用も期待できないので注意してください。

とろろ汁が優れているのは、イモ自身の消化がよいばかりでなく、かけて食べる米飯、麦飯などの消化もよくする点。ほかにも尿素分解酵素や酸化還元酵素を多く含んでいて、体内でできる有害な物質を分解すること。強壮作用があって、基礎体力を強め成人病の予防に役立つことなどさまざま。

定期的にとりたい食品の一つと言えるようです。

わさびはなぜ鼻にツンとくるのか？

スーパーで手軽に買えるチューブ入りのわさびは便利ですが、自分でおろして食べる新鮮なわさびのおいしさは格別なもの。

　ところで、本物のわさびが手に入ったときの、正しいおろし方をご存じでしょうか。目の細かいおろし金を用意し、わさびを直角に当て輪をかくようにゆっくりすりおろすこと。さらに、包丁で叩くと辛味が強まり、香りも引き立ちます。

　わさびは、すりおろさなければ辛くありません。**すりおろすことで、わさびの細胞が壊され、わさびに含まれる酵素の働きで辛味が出てくる**のです。ゆっくりすりおろすことで、しっかり細胞が壊れ、酵素が十分に働くというわけです。

　酵素によって辛味が生じるものには、大根、からし、にんにくなどがあります。大根おろしに酢を入れると辛味が減るのは、酢に酵素の働きを抑える働きがあるため。

　なお、わさびは濡れた新聞紙にくるんで冷蔵庫で保管すれば一週間くらいは持つようです。

冷蔵庫に入れたマヨネーズは傷みが早い!?

ふりかけでも、塩でも、醤油でも、とにかく何でも冷蔵庫に入れておけば安心だと思っている人もいるようですが、実は冷蔵保存をしないほうがいいものもあります。

マヨネーズもその一つ。卵黄と酢と塩、植物油を加えて乳化してつくるマヨネーズは、**室温一〇~三〇度くらいのときが一番乳化状態が安定していて、それ以上でも以下でも不安定になって分離しやすくなります**。分離すると、油、酢、卵が別々になって、酢の殺菌力が全体に行き渡らなくなり、油も酸化されて傷みが早まってしまうのです。

というわけで、マヨネーズは、日が直接当たらないところに保存するのが一番。夏場、冷蔵庫に入れる場合は、冷え過ぎないように袋詰めするなどの方法をおすすめします。

なお、マヨネーズの殺菌効果は強力で、ある病原菌にマヨネーズをつけたら、数十時間で死滅したという実験報告もあるくらいです。

スキヤキのしらたきは肉の〝天敵〟!?

スキヤキと言えば、肉としらたきは欠かせません。ところが、これが相性の悪いもの同士というから困ってしまいます。

しらたきは、コンニャクを細く糸のようにしたもの。コンニャクイモの粉に、ぬるま湯を加えてこねたものに石灰を加え、できた固まりを細い穴から熱い石灰水の中へ押し出してつくります。このしらたきに含まれる石灰が問題なのです。

石灰のカルシウムには、肉が熱によって固まろうとするのを早める働きがあって、柔らかさを身上とする肉にとってありがたくない存在。さらに、肉の色を黒ずませる働きもあるというダブルパンチなのです。

狭いスキヤキ鍋の中で至難の業ではありますが、できるだけ両者が触れ合わないようにするのが通《つう》のやり方と言えそうです。

同じ小麦粉からつくるラーメンとうどんの決定的違い

日本人は麺好きです。日本古来のそば、うどん、ひやむぎ、そうめん、さらにスパゲティ、ラーメンが加わって、メニューも豊富。

その中でラーメンは、インスタントラーメンが年間五六億食以上食べられていることからも、人気の高さがうかがえます。

ラーメンの原料はうどんなどと同じ小麦粉。しかし、**小麦粉に食塩と水を加えてこねるうどんに対して、ラーメンの場合は梘水《かんすい》というアルカリ液（炭酸カリウムなどが主成分）が使われています。**

ラーメン独特の匂いと黄色い色と縮れはこの梘水によるもので、アルカリの作用で小麦粉を黄色く変色させるのです。また、この水によってラーメンのこしが強くなります。

なお、最近では添加物に敏感になった消費者の要望から、梘水を使わずに食塩と卵黄をつなぎにして、熟成に時間をかけることでこしのある麺に仕上げる製法も取られているようです。

煮物の味つけに、塩より砂糖を先に入れるのはなぜ？

「料理のさしすせそ」と言えば、味つけの順序。砂糖、塩、酢、醤油、味噌の順に入れるのが良いとされていますが、これには、ちゃんとしたわけがあるのです。

食塩は砂糖よりも分子量が小さいので、食品の内部まで早く浸透します。そのため、砂糖より塩を先に入れると、食品の中に塩が入り込んで後から入ろうとする砂糖を受けつけず、砂糖がしみ込みにくくなってしまいます。

さらに、塩には食品中の水を引き出して、組織を引き締め固くする傾向もありますから、よけいに砂糖はなじみにくいというわけです。

なお、この順序はあくまでも煮含めたいような場合に使われるもので、たとえば煮魚や酢の物のように表面にだけ味がつけばよいものは、最初から合わせて使えばいいのです。

未来にはタイムトリップできるが過去にはできない!?

未来へのタイムトリップ、これは原理的に可能です。**アインシュタインの相対性理論によれば、光速に近づいた宇宙船内部の時計はゆっくり進みます**。もし、将来そんな高速度の宇宙船が実現されれば、次のようなことが起こると予想されます。

宇宙船で出発した一五歳のA君の時計はゆっくり進むので、二〇年の宇宙旅行を終えて地上に帰ったときはまだ三五歳。ところが、地球上では五〇年経っているため、クラスメイトはみな六五歳になってしまっていた。

この場合、A君は宇宙船というタイムマシンで三〇年後の未来に行ったことになります。こうしたことが原理的に起こり得ると、アインシュタインは述べています。もっとも、光速度に近い宇宙船をつくれるようになるのは、はるか先のことだと思われますが……。

逆に過去へ行くことはどうかと言えば、未来から来た人物によって歴史が変えられてしまう可能性があるので、そんなタイムトリップは許されません。相対性理論も過去へは絶対行けないとしています。

「酢を飲むと体が柔らかくなる」は本当か？

バレエなどを習っていて体が硬いと「酢を飲めば柔らかくなる」と言われ、必死に酢を飲んだという話を聞きます。しかし、本当に効果があるのでしょうか。

残念ながら、答えはノーです。酢には、腐敗を防ぐこと、人によっては食欲を増進させる効果はありますが、**栄養学的に言っても科学的に言っても、体を柔らかくする効果はありません。**

体が柔らかい硬いというのは骨の固さではなく、関節の柔らかさですから、関節を柔らかくするトレーニングをするほうが効果があるでしょう。ただし、「柔らかくなるんだ」と信じて飲んでいれば、心理的効果は期待できるかもしれません。

ドシャ降りの雨の時速はどのくらい？

車を運転中にスコールのような雨に遭うと、いくらワイパーをきかしても何も見えず、事故を起こさないのが不思議なくらい。その雨と言ったら、量もさることながら、粒の大きさといい、窓に叩きつける強さといい、並大抵ではありません。

ちなみに、ドシャ降りの雨の直径は五ミリ。そのスピードは秒速九〇七センチ、つまり、**時速に直すとおよそ三二・六五キロ**にもなります。

雨の速度は雨粒によっても違い、大きくなるほど速くなります。直径〇・四ミリの小雨なら秒速一六二センチ（時速五・八キロ）、直径〇・八ミリの並雨の場合は秒速三二七センチ（時速一一・八キロ）。

雨の速度は、雨がどのくらいの高さから落ちてくるかによるわけですが、これは気温の分布に関係していて、冬なら地上約二〇〇〇メートル、夏なら五〇〇〇メートル上空から落下してきます。夏、雷とともに降ってくるドシャ降りが、一番高いところから落ちてくるというわけです。

線路の砂利は何のために敷いてあるの？

茶色く色づいた線路の砂利を見ると、線路の上を多くの列車が通過していった長い年月を感じさせられます。

線路と切っても切れないこの砂利は、**列車が通るたびに重みを受ける線路や枕木が、地面にめり込まないようにクッションの役目**をしています。また、電車の騒音を吸収するのにも役立っているのです。

昔は川砂利を使っていましたが、ツルツルで壊れにくくうまくいきませんでした。列車が通る際に砂利が壊れることでエネルギーが吸収されるからです。

現在使われている砂利は、山から採った岩石を砕いたもの。固いけれども壊れやすい石がよいので、安山岩や硬質砂岩を使っています。

ときどき、線路の砂利をドリルのようなもので混ぜているのを見かけますが、これは砂利が詰まってくるため、隙間をあけてクッション効果を落とさないようにしているのです。

なお、地下鉄の線路では、補修が大変なため、砂利の代わりにコンクリートが打たれているところが多いようです。しかし、クッションの役目は砂利に劣りますし、騒音もひどいようです。

新幹線のレールにつなぎ目が少ないのはなぜ?

普通の線路には、決められた長さごとにつなぎ目があります。そのお蔭で、ガタンガタンと規則正しく音がして揺りかご代わりになるとかならないとか。列車の窓から駅弁を買うのと同様、のどかな昔の汽車旅の風景です。

ところが、新幹線のレールは何百メートルもつなぎ目がありません。**スピードを出すためには、つなぎ目が少ないほうが都合がいい**からです。

しかし、どうやってこんな長い線路を運ぶのでしょう。

まず、二五メートル単位のレールが工場でつくられ、それをトロッコで在来線を使って浜松などにあるレールセンターに運びます。ここで溶接して二〇〇メートルのレールにしてから、終電のあと、新幹線の線路で現場まで運び、一〇〇〇〜三〇〇〇メートルに溶接して取りつけるのです。

使い捨てライターの真ん中の仕切りがないとどうなるか？

中の構造がよくわかる使い捨てライターですが、真ん中の仕切りが何のためにあるのかは意外に知られていません。

これは、**温度が上がって中のガスが膨張してケースが爆発しないように、ケースの強度を補強するためのもの**なのです。

ところで、使い捨てライターの裏に「ＰＬ保険付」というラベルが貼ってあります。ＰＬ保険とは生産物賠償責任保険のことで、これは火傷《やけど》などの事故が起きた場合に、ライターの故障だと認定されると、保険金がおりるというものです。

新聞紙の上下にあるギザギザは何？

新聞紙の上下は、ピンキングばさみで切ったかのようにギザギザしています。これは、**輪転機に巻いてある新聞用紙を切る裁断機の刃が、ギザギザとノコギリ状になっているため。**

輪転機を回転させながら瞬時にスパッと切るには、普通のまっすぐな刃より、ギザギザの刃のほうが失敗が少ないのです。日本で輪転機を使うようになったのは大正以降のことで、それ以前は一枚一枚切った紙を平台活版印刷機において刷っていました。もちろん、紙にギザギザはありません。

なお、江戸時代に発行されていた瓦版は粘土版に文字や絵を彫り、それを焼いて刷版としたり、木版が使われていたこともありました。

千六本《せんろっぽん》という野菜の切り方は大根にしか使われない？

いちょう、拍子木《ひょうしぎ》、短冊《たんざく》、ぶつ、みじん、これ何だかわかりますか。すべて調理の切り方の名称です。千六本というのもその一つですが、大根に使われることが多いようです。

というのも、千六本という言葉はもともと「繊蘿蔔《せんろふ》」から来たもので、繊は繊維を、蘿蔔は大根を意味します。つまり、**大根を繊維にそって細かく切るという意味だったのが、呼び方も千六本というふうに変わり、しだいに他の野菜にも使われるようになった**のです。

千六本という切り方は、千切りより少し太めのマッチ棒ぐらいの大きさ。千切りよりも細い切り方はしらが切りといい、「しらがネギ」とか「しらが大根」などと言います。しらが大根と言うとなじみがないかもしれませんが、「刺身のツマになっているあれ」と言えば誰でもわかるでしょう。

ドロップとキャンディーの違いは？

お菓子にはたくさんの種類がありますが、アメ一つ取り上げてみても、和菓子ではべっこうアメ、たんきりアメ、金太郎アメ、黒アメなど豊富にあります。

洋菓子のアメは、**その総称をキャンディー**と言います。糖液を煮詰める温度で分類してみると、**一四〇～一六〇度の高温で煮詰めてできたものがドロップ**、バタースカッチ、タフィーなど。一〇〇～一二五度の中温でできるのはキャラメルやヌガー、あまり加熱しないものにシュガータブレット、ゼリービーンズなどがあります。

キャンディーとドロップは、同じものを指しているように思いがちですが、ハードキャンディーの一つとしてドロップがあるというわけです。

ちなみに、ドロップは一般に酸味のあるものを指して、果実の味や形につくるのが普通です。

また、バタースカッチはバターを加えてつくったもの。タフィーはナッツ類、チョコレート、コーヒーなどを加えたものです。

牛乳は季節によって味が違う!?

母乳の味を覚えている人はまずいないでしょうが、牛乳よりサラッとしていて甘いものです。

その味は、母親の食べる物によって微妙に変わります。甘いものをたくさん取れば甘くなりますし、お酒を飲めばアルコール分も加わります。あまり母乳を飲ませないでいるとしょっぱくなることもあるのです。

牛乳の場合はどうでしょう。

乳牛は冬の間干し草を食べ、夏になると青草を食べます。青草にはカロチンが含まれていますから、夏の牛乳のほうがビタミンＡが多く含まれていることになります。

しかし味の点から言えば、**冬の牛乳のほうがコクがあります**。夏は乳牛もバテ気味で牛乳が薄くなるためです。冬のほうが脂肪分が多いというわけです。

ドライアイスの煙を吸っても大丈夫か？

お持ち帰りアイスクリームについているドライアイスも、テレビの歌番組の霧の海になって登場したりと、さまざまな使われ方をしています。

ドライアイスは炭酸ガスの氷で、その温度はなんとマイナス七八・五度という冷たさ。素手でさわったら大変なことになるのです。水の氷は液体になってから気体になりますが、ドライアイスの場合、普通の気圧の中では氷から直接ガスになってしまいます。

となると、ドライアイスの煙は、吸ってはいけないガスなのかと心配になりますが、**これは無害**。その正体は、周囲の空気が急激に冷やされて空気中の水蒸気が細かい水滴になったものだからです。

それに炭酸ガス自体も、ビールや炭酸飲料に使われている無害なものなので心配はいりません。

同じ三〇度でも風呂は冷たく、気温は暑く感じるわけ

風呂の適温は四〇～四二度前後と言います。冬、三八度の風呂はぬる過ぎますし、夏の四二度の風呂は熱過ぎてたまらないといったように、気温によっても適温は変わります。

ところで、同じ三〇度でも、風呂は冷たく、気温は暑く感じるのはなぜでしょう。これには皮膚表面の温度が関係してきます。水は熱を伝える率が大きいため、体温を次々と奪っていきます。その結果、三〇度の水に入ると、皮膚温度も三〇度近くに下がってしまいます。しかし、空気の場合は熱伝導が小さいので体温を奪う速度が遅いため、皮膚温度は三六度前後を保ち続けるのです。

暑いとか冷たいといった感覚は、外部温度でなく皮膚温度で決まるため、同じ三〇度でも、皮膚温度の高い空気中のほうが暑く感じられるのです。

パンは焼けば固くなるのに、お餅は焼くと柔らかくなるのはなぜ？

パンにしてもお餅にしても、でき立ては柔らかくてホカホカでこたえられません。家庭用パン焼器を購入して毎日パンを焼いていたら、つい食べ過ぎて太ってしまったという話もあるくらい。

そんなパンも時間が経てば固くなります。固くなったお餅は焼くとまた柔らかくなりますが、パンは固くなるばかり。その違いはどこにあるのでしょう。

パンもお餅も、主成分はデンプンを加熱してできたアルファ（α）デンプン。でも、小麦粉のデンプンには約二四パーセントのアミロースが含まれていて、もち米にはほとんど含まれていません。**アミロースが少ないほうが、アルファ（α）デンプンの老化は少ない**のです。また、パンのほうが空気を含む率が高いので水分が逃げやすくなっているのも理由の一つです。

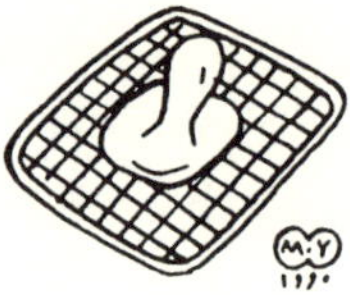

第2章

クロダイは性転換するって本当?

【わかっているようで、わからない】雑学

白いダイコンを煮ると透明になるのはなぜ？

日本人の食生活に欠かすことのできないダイコンは、ふろふき、おでん、切り干し、たくあん、おろし、刺身のツマ、とメニューも多彩です。

白さと太さから、ダイコン足などと言われもしますが、ダイコンが白く見えるのはなぜでしょうか。

それは、白い色素を持っているからではなく、ダイコンの中の空気のせいです。ダイコンの内部には小さな孔があり、表面には無数の凹凸があります。ここに光が当たって、乱反射をして白く見えるというわけです。

ダイコンを水で煮ると、水が孔や凹凸の中に入り空気を追い出します。すると、乱反射がなくなり、光がダイコンの中に入り込んで、半透明になるのです。

半透明の曇りガラスのザラザラした面に水をつけると、光が通りやすくなって透明になるのもこれと同じ原理です。

ハエはどうして天井に止まれるの？

部屋の中をうるさく飛び回るハエを追っかけていると、パッと天井に止まってしまうことがあります。敵ながらあっぱれ、まるで忍者のようです。

ハエ、特にイエバエは、夜になると天井に止まって眠る習慣があります。その際に力を発揮するのが、**足の先の跗節《ふせつ》にある褥盤《じょくばん》**。小さな毛がたくさん生えていて粘着力の強い分泌物を出しています。これで十分に体を支えることができるのです。

褥盤に生えている小さい毛は、吸盤の役目のほかに、食べ物の味を感じる舌の役目と匂いを感じる鼻の役目も兼ねていて、毛状感覚器と呼ばれています。つまり、ハエは止まっただけでその味がわかるという便利な足を持っているのです。

「ハエが手をする足をする」とよく言われる通り、ハエは足の手入れに余念がありません。これは、感度をよくしていつでも使えるように準備しているのです。

なお、ゴキブリも天井を歩くことができますが、これは粘着力の強い分泌物のほか、爪の力が強いことが、その主な理由のようです。

アゲハチョウのサナギに緑色と茶色があるのはどうして？

チョウやガは、幼虫時代に青虫や毛虫といったグロテスクな姿をしていて、次にミイラのようなサナギになり、やがて美しい羽を持つ成虫になるわけですが、その変身ぶりは、まさに自然の驚異。どんな立派な手品師もかないません。

それればかりか、アゲハチョウのサナギには**保護色として緑色と茶色（褐色）がある**というのですから、まったくうまくできているものです。

緑色のサナギがいるのはミカンやカラタチなどの葉で、茶色のサナギは板塀などについています。

アゲハチョウの幼虫が、ミカン科の葉を食べて成長して、サナギになる前に、食草の葉の匂いがするところでサナギになれば緑色、そうでなければ茶色になるという仕組みなのです。葉っぱと同じ模様の羽を持つガや、まるで枝のようなカマキリなど、昆虫の世界はまるで忍者さながらです。

ほかの魚に比べてイワシのウロコがはがれやすいのはなぜ？

イワシ（鰯）は、魚偏に弱いと書く通り、ブリやカツオといった中型の魚に食べられてしまう弱い魚です。料理をするときも、簡単に手でさけるほど柔らか。

そのため、防衛手段として仲間で集まって行動します。中型の魚が襲ってくると、すぐに群れをつくってかたまり、**食べられそうになると、ウロコがはげて散らばり、逃れる**のです。

イワシは、皮膚に密着した円鱗《えんりん》という滑らかなウロコで体を保護していますが、それは同時に、簡単にはがれるようになっているのです。

これは、スミを吐くタコやイカの隠遁《いんとん》の術、トカゲの尾を切り落として逃げる方法とよく似ています。

月で宇宙飛行士が歩くと砂ぼこりは立つか？

一九六九年、アポロ一一号で月に着陸したアームストロング船長は、月面に人類としてはじめての足跡をしるしました。そのとき砂ぼこりが立っていたかいなかったか、どうでしょう。

地球上では、細かい砂が空気中に浮くことで砂ぼこりが起きます。砂が細かければ細かいほど全体の表面積が増えて空気中へ舞い上がりやすくなります。春に吹く黄砂は、中国のゴビ砂漠などの砂が舞い上がり、ジェット気流に乗って日本にまでやってくるのです。月面では、宇宙飛行士が歩けばほこりのような砂がはね上げられます。**しかし、空気がないので月の重力に引かれてすぐに落ちてしまいます**。その様子は、まるで池に石をチャポンと投げたときのような感じです。

空気のような存在とたとえられるように、日常生活において空気は、あってもないようなもの。しかし、こんな話を聞くと空気の力を再認識させられます。

流氷はなぜ北海道にしか来ないのか？

北海道の流氷は北極からやってくるわけではなく、オホーツク海で生まれたもの。オホーツク海は、水深二〇〇メートル以下の浅いところが多いため、そういう海は冷えやすく、しかも塩分が薄いので氷が張りやすい、と言われています。

一一月の中頃、オホーツク海の海水の中で小さい氷の結晶が生まれます。それがくっついてシャーベットのようになり、しだいに氷に変わっていくのです。

こうしてできた氷が、南へ向かう海流や、強い北風で、一月中頃には北海道のオホーツク海沿岸に押し寄せ、海を閉ざすのです。

流氷が本州に来ないのは、そこに**黒潮の暖流が流れ込んでいることや、太平洋という、広くて深い海なので、オホーツク海とは様子が違うため**だと言われています。

夕日が大きく見えるのはなぜ？

水平線にゆらゆら沈んでいく夕日は本当に大きく見えます。しかし、朝日も天頂にいる太陽もすべて大きさは同じなのです。

こんな実験をしてみると、それがよくわかります。黒く感光したフィルムを片目に当てて、もう一方の手で五円玉を指先でつまむように持ちながら、腕をピーンといっぱいに伸ばして太陽を見てください。どの時間の太陽も五円玉の穴にすっぽり入ってしまいます。

では、なぜ違う大きさに見えるのでしょう。

それは、われわれが**空を見るときに、天頂は低く、水平方向は遠いと錯覚するため**です。「天頂の太陽よりも、はるかに遠くにあると思われる夕日が同じ大きさに見えるということは、実際の夕日はずっと大きくなくてはならない」と心の中でイメージすることで、夕日は大きく感じられるのです。これは東京大学名誉教授の堀源一郎博士の説です。

カタツムリは生まれたときから“家持ち”なのか？

憂鬱な梅雨の季節も、いたるところに咲くアジサイの花を見ると、出かけるのも楽しくなります。そのアジサイにつきものなのがカタツムリ。大きいものもいれば、米粒のように小さいのもいます。

カタツムリは、一匹でオスとメスの両方の器官を持っている雌雄同体。相手が見つかれば交尾して、お互いに精子を交換し合って両方が卵を産む仕組みになっています。

交尾をしてから一〇日ぐらい経つと、頭の先で土を掘って、その中に約三〇個の卵を産みつけます。卵は丸くて白い三ミリくらいの小さなもの。

一か月くらいすると、卵の殻が破れ、カタツムリの赤ちゃんの誕生です。その小さいこと。しかも、**すでに親と同じように殻を背負ってすぐに歩き始める**のですから、目を疑ってしまいます。

この赤ちゃんカタツムリはまだ、渦が一巻き半しかありませんが、成長するにつれて二巻き、三巻きと巻き数が増えて、八〇日もすると、かなり大きくなります。

飼育容器に湿らせた土を入れて何匹かカタツムリを飼っていると、土の中に卵を産みつけます。土が乾かないように注意していれば、やがて孵化《ふか》しますから、観察してみると面白いでしょう。

シロアリはゴキブリの仲間って本当か？

シロアリと言えば、日本では家を食い尽くす害虫とされていますが、熱帯地方に棲息する種類は、土や木片を材料に塔をつくって、ほとんど人間に害を与えることがありません。

塔は、巨大なものになると高さ六メートル、基部の直径三〇メートルもあり、その中で二〇〇万匹以上のシロアリが、一生、外に出ることなく規則正しく生活しています。塔の内部は、完璧なエアコン装置がつくられていて快適そのもの。外気に関係なく、常に三〇度、湿度九八パーセントに保たれているのです。

その秘密は、厚さ四〇～五〇センチの外壁と、水を汲み上げるための地下四五メートルに達する井戸がつくられていること。また、煙突や無数の穴がつくられているので空気はいつも浄化されています。自然を利用した装置は、人間も学ぶところが大きそう。ちなみに、**シロアリは、アリの仲間ではなく、今から三億年も昔にゴキブリから分かれてできた種類。**道理でしぶといはずです。

キンギョを食塩水に入れると元気になるのはなぜ？

「スポーツのあとはスポーツドリンクを飲むのが常識よ」とは、エアロビクスに汗を流す女性の弁。

スポーツドリンクには、塩分など、体液と同じような成分が含まれていて、多量の体液を失ったあとの補給にちょうどいいことから、根強い人気があるようです。手術のあとにリンゲル液を体内に注射するのも、体液が減って血圧が下がらないようにするため。

同じ原理で、弱ったキンギョの治療に、飼っている水槽に食塩水を入れる方法があります。

人間をはじめ地上の生物は、海に棲む生物から進化してきたもの。そのなごりが、体液や血液の中に残っているのです。

つまり、**体液や血液は塩類濃度こそ海水に比べて低いものの、その種類と組成は海水とよく似ていて、ナトリウム、カリウム、カルシウム、塩素などの比率が海水とほとんど同じ**なのです。

それで、血液の循環機能の衰えたキンギョに食塩を与えることで、一時的に回復させることができるというわけです。

寝袋をかぶって寝る魚がいる!?

うつぶせで寝る、仰向けで大の字になって寝る、足と腰を曲げて丸まって寝る、布団を抱きかかえて寝るというように、人間の寝方にも性格が表われているようです。

さて、魚が寝ている姿を見る機会はあまりありませんが、やはり個性があります。たとえば、ベラ科の仲間のキュウセン、イトベラ、ニジベラなどは夜、砂の中に深くもぐって寝ます。

同じくベラ科の仲間の**ホンソメワケベラ、ナンヨウブダイは、口のところだけ穴の開いたゼラチン状の寝袋をかぶって寝ます。**

また、コイやフナなどは、池の底や岩陰で、アミメハギは口を海藻につけて、ぶら下がるように眠り、ハタやメバル、カサゴなども岩陰でじっとして眠ります。

昼間、眠る魚もいます。チョウザメ、ハタ、ヒメジ、ヒラメ、アナゴなどは、昼間は安全な岩穴や砂の中にいて、夜になるとエサを求めて活動するのです。

さらに泳ぎながら寝る魚もいます。それは、ブリ、マグロ、サバ、イワシなどの回遊魚たちで、彼らは休むことなく昼夜にわたって泳いでいますが、時々うとうと眠っているのだろうと考えられています。

いずれにしても、魚はまぶたを閉じることがありませんから、表面上は眠っているのかいないのか、よくわからないのです。

クロダイは性転換するって本当？

私たち人間は、男か女かに分かれて生まれてきます。ところが魚界には、一生のうち男と女の両方を体験できる種類がいるのです。

その一つ、クロダイは**一〇センチぐらいのときはオスで、二〇センチ前後の二〜三歳魚になるとオス・メス両性、産卵するときはオスの役割を果たし、その後、性別が分かれてメスの個体が多く**なっていきます。

南の海に棲むクマノミ、ソードテール、グッピーもメスからオスに変わることがあります。

メスの体の中に、オスにならせるホルモンがつくられていて、これがたくさん出るとオスに変わってしまうらしいのです。

人間も両性を体験できれば、男女の争いもぐっと減るのかもしれません。

土は何がどうやってできたものなの？

都会ではマンション暮らしが増え、朝顔を植えるのにも土を買ってこなければなりません。そして買ってくるのは、黒土と呼ばれる真っ黒い土。黒土は植物が枯れて腐ってできた土で、炭素や窒素に分解された有機物がいっぱい詰まっていて、通気性や保水性がよく、植物がよく育ちます。

こうした有機質の土は、長い年月をかけて地表を覆うようになりました。関東平野の黒土は、一万年前からつくられてきたもの。この土のお蔭で、人間は豊かな作物をつくってきたのです。**土はもともと、大気と水の働きで岩石が細かく砕かれ、鉱物の粒になった集まり**で、こうした無機質の状態では植物は育ちません。土というと、どれも同じように思われますが、植物に向くものと、向かないものがあるのです。

土に植物が生えなくなれば、人間の死活問題にもかかわってきます。今、化学肥料と農薬が土をダメにしていると騒がれていますが、それは土を固くし、微生物を死滅させてしまうからだということです。

犬が散歩でクンクンやるのはなぜ?

犬を散歩に連れて行くと、何を探しているのか、そこらじゅうをクンクン嗅ぎ回ります。これにつき合っていると、いつまでも帰れず、綱を引っ張って急がせてしまうことも多いのでは。

しかし、それは犬にとって気の毒なこと。なぜなら、犬は匂いを嗅ぐことが大好きだからです。犬の嗅覚はとても発達していて、その能力はなんと人間の一〇〇万倍もあるとか。だから、電信柱のオシッコの匂いだけで、どんな大きさのどんな種類の犬のものなのかがわかると言います。

犬はそこらじゅうの匂いを嗅ぎ回りながら、ここには何が棲んでいるとか、猫が通ったとか、いろいろな情報を得ているわけです。それは人間が新聞や雑誌を読むのを楽しんだり、景色を眺めて楽しんだりするのと同じようなものと言えるでしょう。

ところで、犬の鼻が敏感なのは鼻先に一～二億個もの嗅細胞が集まっているためで、その働きを活発にするように、鼻はいつも湿っています。犬を飼っている人にとって、犬の健康状態を鼻で見るというのは常識。鼻が乾いているときは、熱が高くて乾燥している場合とか、体の調子がよくないなど、異常を知らせるサインです。

ニワトリはなぜ口を上にして水を飲むのか？

カナリヤが上を向いて水を飲んでいたら、三歳の子供が「鳥がうがいしているよ、風邪ひいてるの」とつぶやいたとか。

そう言えば、カナリヤやスズメ、ニワトリは、口を上にして流し込むようにして水を飲んでいます。これは、**口の周りの筋肉が発達していないため、飲んだ水を口に含んでおいて、自然に食道に流し込むため**です。ダチョウのような首の長い鳥も、この飲み方をします。

一方、ハトの仲間は、くちばしを水の中に突っ込んで、ゴクゴクと飲んでいます。口の周りの筋肉が強いため、水を口の中に吸い込むことができるからです。

水の飲み方一つでも、違うものです。

ウサギに水を飲ませると死ぬって本当？

なぜか、ウサギに水をやると死ぬと言われます。学校で飼っているウサギに、草はやるけれども、水を与えないのを気の毒に思ったものです。

これは、やはり俗説。**草だけでも、ある程度は水分がとれますが、十分ではありません。**ウサギが一日に必要な水分は室温二〇度の場合、二〇〇～三〇〇cc。

動物の体は、その六〇パーセントが血液を含む体液で占められていて、六〇キロの大人ならば三六キロは水分ということになります。ですから、動物はそれなりの水分を補給しなくては生きていけないのです。

もちろん、飲み過ぎれば下痢をするのは人間と一緒。なんでも適当がいいようです。

胃液が胃を消化しないわけは？

飽食の現代では、どうしようもない空腹感を体験することもなくなりました。本物の空腹はキュルルと腹の虫が鳴って、胃に酸っぱいものが通って、それは苦しい限りです。

これは胃の壁から分泌される胃液によって起こるもので、胃液には金属を溶かしてしまうほどの強い塩酸や、タンパク質や脂肪を消化する酵素が含まれています。この胃液が、一回の食事に五〇〇ミリリットルも分泌されるというから驚きです。

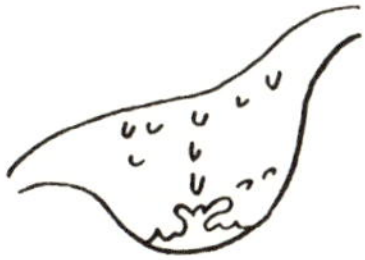

これほど強烈な胃液に、どうして胃は溶かされないのでしょう。

それは、**胃の壁から粘液というネバネバした液が分泌されて、胃の壁を保護しているため**。

粘液のお蔭で、固い食べ物が触れても傷つくことはありませんし、塩酸も中和してしまいます。

ただし、食べ過ぎたり、飲み過ぎたり、ストレスが溜まったたりすると、血の流れが悪くなって粘液細胞が窒息してしまい、その結果、粘液が働かなくなって、自分の胃液で胃を消化し始めるのです。これが、胃《い》潰《かい》瘍《よう》と言われるもの。

くれぐれもご用心を。

ジャガイモは温度が低いとなぜ甘くなるの？

ニュースで「今年のジャガイモは、低温に見舞われ、例年より甘いできになりました」などというのを聞きますが、温度と甘みにはどんな関係があるのでしょう。

それには、いろいろな濃度の砂糖水をつくって冷凍庫に入れてみるとよくわかります。濃度の濃いものほど、低い温度まで凍りません。冬の魚のほうが、脂が乗っているのと同じように、**植物も糖分を増やして寒さに対抗している**のです。冬のホウレンソウやニンジンが他の季節より甘みがあるのもこのためです。

とはいえ、どこまでも甘くなるわけではありません。

これらの糖分は、酵素がデンプンなどを分解してつくるものなのですが、この酵素はかなり高い温度でよく働くという性質があるからです。このからくりは簡単には説明できないものなのです。

ミカンの甘さの秘密はあの〝白い筋〟にある!?

ミカンをむくときに厄介なのが、中身の袋についている白い筋。「なにも取らなくたって」と言われても気になるものです。「何のためについているのだろう、なければよいのに」なんて身勝手なことさえ考えてしまいます。

ところが、これがなければミカンはできないという大事な代物。**名前を維管束《いかんそく》と言って、水や栄養の通路**なのです。

根から上がってきた水は、この維管束を通って実に運ばれていきます。厳密には、一〇〇パーセントここだけを通るのではありませんが、維管束を断たれてしまえば間違いなくその部分は枯れてしまうのです。レンコンを切ったときにネバネバした白い糸のようなものが出ます。形は違いますが、あれも維管束です。

白い花は本当は白くない？

ユリ、キクをはじめ、ダイコン、リンゴ、ナシの花など、白い花はたくさんあります。ところが、こうした花、実際には白くないと言ったら信じられますか。

花の色素は、相当たくさんあるようですが、赤・橙《だいだい》・黄色のカロチノイド、赤・青・紫のアントシアン、黄色のフラボノイドの三つの仲間に分けられます。一つの花に二種類以上の色素が含まれることもあります。

この中で、フラボノイドはどの花にも含まれています。

フラボノイドの黄色にはいろいろな濃さがあって、ごく薄いクリーム色だと、まるで白のように見えます。つまり、**白い花だと思っているものは、ごく薄いクリーム色**なのです。

天然には、まだ本当に白い花は見つかっていませんが、園芸品種としてはできています。

コイに歯があるって本当？

エサをやるとよくわかりますが、コイの口はコイノボリそっくりにまん丸。歯などはどこにも見当たりません。飼い主によく慣れたコイが、人の指を口に入れて吸いついても痛くないのはそのためです。

ところが、コイはタニシやシジミが大好物で、これを与えると、嚙み砕いた貝殻が、えらぶたから次々に吐き出されてきます。

いったいどこで砕くのかと不思議に思いますが、**喉の奥にちゃんと歯がある**のです。その名を咽頭歯《いんとうし》と言って、コイ科のモロコやウグイ、フナ、海水魚では、ベラやブダイがこれを持っています。

コイは「おふ」のような柔らかいものしか食べられないと思っていた方、認識を新たにされましたか。

生まれ立ての赤ちゃんが赤いのはなぜ？

赤ん坊とか赤ちゃんとか、乳児を昔からこう呼びますが、うまくつけたものです。特に生まれ立ては真っ赤、まさに赤ちゃんです。因幡《いなば》の白ウサギのように赤裸というくらいに赤いのです。

また機嫌のいいときは白くても、一度泣き出すと見る間に体中が赤くなるのも赤ちゃんの特徴。お風呂上がりも真っ赤です。

大人にだって、体の中でいつも赤い部分があります。体を見回してみればわかる通り、唇、口の中、舌、そしてあかんべをすると出てくるまぶたの裏です。これらの部分は、普通の皮膚より、薄かったり、透明に近い状態だったりします。だから、皮膚の下を通っている血液が透けて見えるのです。

赤ちゃんの場合も理屈は同じ。**お母さんのお腹に守られて育ってきたため、赤ちゃんの皮膚はまだ薄く、さくら貝のよう。**外で

の生活が始まって、北風に当たったり、夏の太陽を受けたりしていくうちに、丈夫なたくましい皮膚に成長するのです。

傷口が膿《う》むのはなぜ？

けがをして、ひどいときに出る膿《うみ》。傷口の手当ての仕方が悪いと必ず出るもので、主にブドウ球菌というバイ菌が入ったために起こります。しかし、膿はブドウ球菌本来の姿ではありません。

傷口はバイ菌がつくと、体内の血液から白血球が集まってきて、バイ菌を食べて殺してしまいます。しかし、その**白血球もやがて死んでしまうと、その死骸の集まりが膿となって人の目に映る**のです。つまり、膿は白血球とバイ菌の大戦争の残骸ということになります。

ちょっとした傷だからと軽く見ていると、ひどい目に遭います。夏場は特に用心しましょう。

クジラの赤ちゃんはどうやってお乳を飲むか？

人間の赤ちゃんは、舌をクルリと丸めて乳首に添わせ、グイグイと勢いよくお母さんのお乳を飲みます。その哺乳《ほにゅう》力は相当なもので、同じ時間をかけて手で絞った場合には、たいした量が出ないことからもわかります。

これは赤ちゃんの特技と言えるようで、お乳を飲まなくなると、自然に忘れてしまうから不思議です。

ところで、クジラの赤ちゃんもお乳を飲むわけですが、海の中で、しかも、あの大きな口で乳首を吸うということが可能なのでしょうか。一番大きなシロナガスクジラを例に取って考えてみましょう。大人の体長は三〇メートル、体重が一六〇トン、生まれ立ての赤ちゃんでも七～九メートル、三トンはあります。

母親の乳房は海中に乳が漏れないように体内にあって、お乳をやるときだけ出します。これは、泳ぐときにスピードが落ちないように適応していったものと考えられます。

一方、**赤ちゃんの舌は筒状をしており、海水が入り込まない仕組みになっています。**赤ちゃんがお乳に吸い着くと、母親は勢いよく乳を出して飲ませます。なにしろ、赤ちゃんは呼吸するために海面に出る必要があるので、短時間にお乳をやらなくてはなりません。一日数回、この方法でお乳をやって、全部で一〇〇リットルも飲むことになります。

そして、一年も経つと、赤ちゃんクジラは二六トンにまで成長します。これは、動植物の中で一番早い成長と言えるようです。

辛いものを食べると汗が出るのはなぜ？

日本人はカレー好きと言いますが、本場インドのカレーの辛いこと、辛いこと。汗がドーッと出て、目の玉が飛び出しそうです。やはり、これは現地に行って食べるべきものなのでしょう。

ところでカレーにつきものの汗、寒い冬に食べても必ず出てきます。なぜでしょう。

辛いものが入った胃は刺激を受けてカッと熱くなります。これは、胃壁が刺激に対して反応したためです。反応すると、体は発熱します。すると、**それを冷却するために、毛細血管が拡張し、新陳代謝が激しくなり、汗を出すことで蒸散放熱が行なわれて体温を冷ます**という図式なのです。

まだ足用の使い捨てカイロがなかった頃、靴の中にトウガラシを入れておいたものです。これがヒリヒリするくらいよく効きました。カレーが入った胃と同じことが、足でも起こったためです。

バナナにはなぜ種がない？

スイカ、ブドウ、ミカンと、人間は次々に種のない果物をつくってきました。バナナもその一つ。現在、世界中で食べられているバナナの多くは、**種のある野生のムサ・アクミナタを種なしに改良したもの**なのです。

種のない果物のほうが人々に好まれ、商品価値も高い。楽なほうを好む人間を象徴しているような話です。今では当たり前に食べているミカンも、もともと種の多いものでしたが、何百年かかけて種のほとんどできないものをつくり上げ、そればかり栽培し続けてきた賜物です。

種ばかりではありません。人間はより甘く、より安く、いつでも食べられるものを目指して、果物を改良し続けてきました。でも、季節感がなくなり、昔ながらの味が忘れられていくのは、やはり寂しい気がします。

"森の嫌われ者"の驚くべき生命力

ゴキブリは人間の嫌われ者ですが、生物としては大先輩。なにしろ、**恐竜さえ棲んでいなかった三億年も前に出現して、それ以来、その姿もあまり変わらずに生き延びてきたから**です。人類の危機が叫ばれている現代、ゴキブリから生き延びる秘訣を教わりたいもの（?）です。

それはともかく、現在日本には約五〇種類のゴキブリがいますが、意外にもその多くは森や林で暮らしています。

もともとゴキブリは森林の朽ちた木の皮の中や、落ち葉の下で暮らす昆虫でした。それが、いつの間にか食べ物が豊富で冬でも暖かい人家に棲むゴキブリが出てきたのです。

日本で人家を棲み家とするゴキブリは、ヤマトゴキブリ、クロゴキブリ、チャバネゴキブリ、ワモンゴキブリなどで、ヤマトゴキブリ以外は江戸時代から明治にかけて船荷などで外国、特に暖かい南の国から入ってきた種類です。

海の水はどこから湧き出てくるの？

地球は、別の名を水惑星と呼ばれるように水の豊富な天体です。海水の量は、実に一三・五億立方キロ。**この海水は、地球から吐き出されたもの**ですが、その成り立ちには諸説があります。

一つは、四六億年前に地球が誕生して最初の数億年間に八五パーセント吐き出されてしまったというもの、また、長い時間をかけてじわじわと吐き出されたという説など。いずれにしても、現在の量になったのは一億年ほど前のようです。

この海水が、水蒸気として蒸発し、雲となって雨や雪を降らせ、川や湖、氷河を経て再び海に戻るという循環を繰り返して、生物に恵みをもたらしているわけです。

地下水や火山や海底火山から、火山ガスの水蒸気や温泉水が噴き出しますが、これらの水は、昔地下に埋まったものが地下から地表にしみ出してきたり、マグマの熱で噴き出してきたものなのです。

ただし、マントルからもたらされるマグマの中にはマグマ水とか、処女水とか言われる水が一パーセントほど含まれています。

海底では、そういう水がわずかに噴き出しているらしく、わずかながら海水の量は増えているということになるようです。

第3章

ツバメはなぜ昨年の巣を覚えている？

【つい人に話したくなる】雑学

冷凍庫の氷、中央が膨らんでいるのはなぜ？

これは、**水が氷になると約一〇パーセントも膨張するため**。氷が水に浮くのも、膨張して体積が大きくなった証拠です。重さは同じでも、体積の占める割合が大きくなったので、そのぶん、水より軽くなったというわけです。

つまり、「浮力は物体と同体積の水の重さに等しい」というあのアルキメデスの原理そのものなのです。

冷凍庫の製氷皿につくった氷は、皿の固い枠のために、上に持ち上がるように膨れるしかありません。その結果が、あの形。もし、ビン入りのビールを冷凍庫で冷やしていて、ついうっかり凍らせてしまったら、膨張しようとする力でフタを持ち上げるか、ビンが割れるしかありません。それほど、強い力なのです。

液体が冷えて固体になるときは、体積が小さくなるのが普通です。たとえばパラフィンの場合は、製氷皿の氷とは反対に中央が大きくくぼんで固まります。

つまり水は、冷却して凝固するときに体積が増える、例外の物質なのです。

シャボン玉は透明になると割れるのはなぜ？

人間は、なぜか風船とかシャボン玉など、風にフワフワ飛んでいくものが好き。色合いがきれいなのもさることながら、頼りなげに漂う姿に、はかない夢を感じたり、ホッとさせられる何かがあったりするのかもしれません。

そんなシャボン玉を、じっくり観察してみましょう。まず、青や赤、黄色などいろいろな色のものがあることに気づくはずです。これは、水を油にたらしたときに出る色とそっくり。一般に薄い膜の場合に出る薄膜の色なのです。

厚みが大きい場合には出ませんから、シャボン玉でも、吹き始めは色がついておらず、**膜が伸びていくにつれて色が出始め、膜の薄さに合わせてその色は変わっていきます。**

やがて、これ以上薄くなれないという状態になると、色が消えて割れてしまいます。つまり、無色透明なのは、シャボン玉の最後の姿というわけです。

色以外にも、割れる寸前にくぼんだような黒い斑点が現われます。これは、黒い部分の膜がとても薄くなったことを示しているもので、そこは一〇〇万分の一センチメートルという薄さになっているそうです。

これを観察するには、シャボン玉を飛ばす輪っかにつけて観察してみるとよくわかります。

イカが空を飛ぶって本当？

トビウオの話は有名ですが、カタクチイワシ、トウゴロウイワシ、小さなミミイカなどが、ピョンピョン飛んでいることがあります。いずれも、敵から必死に逃げる姿、火事場の馬鹿力は魚にも当てはまりそうです。

なお、**イカは光を好む性質があって、海面に光を当てると、それに向かってピョン**

ピョン飛び上がってきます。

こうしたイカの性質を利用して、集魚灯を使ってイカをおびき寄せ、擬餌《ぎじ》で釣り上げるという漁法が広く行なわれています。現在では、大型漁船に自動イカ釣り機を装備して遠洋まで捕りに行くようにもなりましたが、この漁法が始まった二〇〇～三〇〇年前には、棒の先にも擬餌針をつけ、その針を海中で間断なく上下させて、これをエサと間違えたイカを釣り上げたものです。

小さな漁港を旅すると、ズラリとカーテンのようにイカを干していたり、夜の海にイカ釣り船の灯を見ることがあります。旅情をかき立てられる風景です。

朝日と比べて夕日がまぶしくないのはなぜ？

気象状態が同じようであれば、朝日も夕日も太陽の明るさは同じはず。だから、これは目の錯覚ということになります。

瞳は、周りの明るさに合わせて大きく開いたり小さくなったりしていますが、夜からの暗さに合っていた瞳に、朝日の光が急に飛び込んでくれば、瞳を小さくする間がなく、ものすごくまぶしく感じられます。逆に、**昼間の明るさに合っていた瞳にとっては、夕日はまぶしくありません。**

また、太陽は地平線に近づくにつれて、その光はたくさんの空気を通ってくるので、弱くなります。

夕日がまぶしくないのは、こうした理由もあるのです。

とはいえ、あまりいい気になって太陽を見ていると、目を痛めることがあるので、ご注意を。

腕や足にタンコブができないのはなぜ？

子供の頃は、よくタンコブをこしらえたものです。目の上にできたときは青あざができ、それは見られたものではありません。でもよく考えてみると、タンコブは腕や足にはできず、頭に集中していたようです。

さて、そのわけは？

まず、タンコブの中身から考えてみましょう。それは、ぶつけたことで血管が切れて皮膚の下に血液が溜まったもの。だから、皮膚に傷ができれば出血してしまい、タンコブにはなりません。

頭には、血管を保護する筋肉のような柔らかい部分が少なく、すぐ下には硬い骨があるため血管が切れやすいのです。**腕や足には柔らかい部分が多いし、硬い骨も近くにありません。**それで、腕や足にはタンコブができないのです。ただし、向こう脛《ずね》などは、皮膚の下がすぐ骨なので、タンコブができることもあります。

とにかく、タンコブができたら十分冷やすことが大切です。

秋から冬にかけてだけ活動するアリがいる!?

春から夏にかけて盛んに活動していた虫たちも、秋になると卵を産んで死んでいったり、冬に向けて眠りにつく準備を始めたりします。

そんな中で、秋から初冬にかけてだけ地上に現われて活動するアリの仲間がいます。**クロナガアリ**という種類で、雑食のアリが多い中では珍しく、彼らは穀物だけをエサにしています。それで、雑草の種が実るこの時期に現われて、一年分の食糧を溜め込むのです。

この習性から、別名、収穫アリとも呼ばれています。

一年間も保存している間に芽が出てこないのか気になりますが、大丈夫。ちゃんと、芽が出ない物質を体から出して塗りつけているのです。

また、クロナガアリの巣はとても深く、二メートル以上にもなりますから、自然の冷蔵庫に保存されているというわけです。

クモの糸は体の中ではどうなっているか?

雨上がりのクモの巣は、水の玉がキラキラ光ってそれはきれい。

かわいらしいチョウや虫たちを捕る、恐ろしい道具だということを忘れてしまうほどです。

クモはこの糸をどのようにしてつくるのかと言うと、お尻に糸いぼというものがあって、そこにある出糸管から糸を出しているのです。出糸管の数は、糸いぼ一個に多いもので二〇〇個もありますから、一本に見える糸も実は何本もの糸がより集まったものということになります。

クモの糸は、体の中では粘液状になって袋に入っていますが、出糸管から出て空気に触れた途端、固まる性質があります。

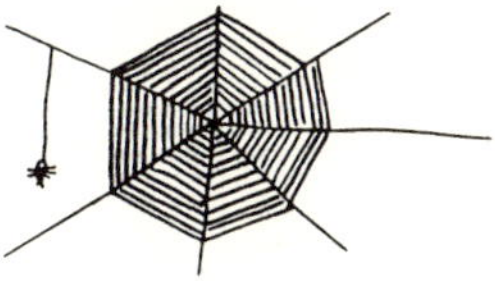

糸の成分はどれも同じですが、出てくる糸いぼの位置によって、網をつくる糸、獲物を縛り上げる糸、卵をくるむ糸などに使い道が分かれています。

なお、網を張り替えるとき、多くのクモは古い糸を食べて消化してしまい、またそれを新しい糸をつくる材料として利用するという効率のいい使い方をしています。

魚やクジラの体温は何度くらい？

冷血動物とか変温動物とか言われている魚たちにも、体温がないわけではありません。**棲んでいる場所の水温と、ほぼ同じくらいか少し高めの体温**を持っています。

たとえばコイは、冬、水温が五～六度になると体温も五～六度になり、夏、水温が三〇度になると体温も同じくらいに上がります。

人間のように暑がったり寒がったりすることがなくて便利そうですが、弱点は急激な温度の変化には弱いこと。だから、水槽の水を替えるときは注意しなければなりません。半量を取り替えるといいようです。

同じ海に棲んでいても、クジラは哺乳動物ですから一定の体温を持っています。種類によって違いますが、**人間より少し低めの三五～三六度ぐらい**に保たれているようです。

南氷洋のクジラの吐く息が白く見えるのは、人間の場合と同じ理屈で、外界の温度が吐く息より冷たいためです。

昆虫ほど正確な気象予報士はいない!?

　昔の人は、自然や身の回りのことから天気を予測してきました。「夕焼けは晴れ」「月が笠をかぶると雨」といったものは今日でもよく知られています。また、虫を観察する方法もいろいろ伝えられています。

「アリが巣の出入口をふさいでいると大雨が降る」と昔から言われていますが、これは本当です。

　アリは触角や体に生えている細かい毛で、低気圧や空気中の湿度が下がるのを感じ取ります。感覚子と呼ばれる小さな毛には、味、温度、音などを感じられるものがあるのです。

「ハルゼミが鳴いたら晴れる」と言われますが、六～七月に鳴くエゾハルゼミ、ヒメハルゼミは雨の日には鳴かず、雨が小降りになってきて鳴き始めると、間もなく晴れます。

　明るさや気温の変化に敏感なためです。

アカトンボは暑い夏を避暑地で過ごす!?

昆虫と言えば、その行動範囲は限られているように思われますが、鳥のように渡りをする種類もいます。

たとえば、アカトンボの名で知られるアキアカネ。**平地の田んぼや池で六月末から七月頃に羽化した成虫は、体は黄色く、短い距離を低く飛びながら、しだいに山へと移動していき、夏は山で過ごします。**

霧ヶ峰などでたくさんのアキアカネを見ることがありますが、彼らも人間同様、平地からの避暑客というわけです。

山で虫を食べて暮らしているうちに体も羽も丈夫になり、九月の中頃、オスは真っ赤に色づきます。そして、天気のいい午前中に、オス・メスつながって、大群をなして生まれ故郷に帰るのです。その距離は、長いときで二〇〇キロにも及びます。

そのほか、七〇〇〇キロを超える渡りをするウスバキトンボ、七月に中国大陸から日本に渡ってくるウンカなどがいます。

魚が一日中、泳いでいられる理由

　マグロが黒潮に乗って関東沿岸に姿を現わすのは夏の終わり。それから、さらに北に向かい、重さが八キログラムにもなると、太平洋を横切ってアメリカ西海岸まで渡っていくのです。その間、ずっと泳ぎっ放しというから恐れ入ります。

　泳ぐために生まれてきたとも言えるマグロは、姿にもまったく無駄がありません。つまり、**見事な紡錘形で、胸ビレや背ビレなどは、泳ぐために邪魔にならないように小さく、尻ビレも後方についています**。さらに、ウロコも小さいのです。泳ぎっぷりも見事で、最高時速一六〇キロでぐんぐん飛ばしていきます。マグロの群れに遭っても、あっという間にいなくなってしまうということになります。

　大型の回遊魚には、カツオ、ブリ、サバなどがいますが、どれも紡錘形で似たような形をしています。

果物は熟れるとどうして色が変わるか？

柿の実がたわわになっている田園風景は、昔ながらの日本の秋という感じで風情があります。毎年秋になると必ず色づく柿やミカン、どういう仕組みになっているのでしょう。

植物には、緑色の葉緑素、赤・橙・黄色のカロチノイド、赤・青・紫色のアントシアン、黄色のフラボノイドという四つの色素が含まれています。

秋になって日射しが弱まると、葉緑素をつくる力が衰えて、壊れて薄くなってしまいます。それで、柿やミカンは黄色が目立ってくるのです。

紅葉も同じ原理です。リンゴの場合は葉緑素が壊れてくると、アントシアンがつくられるようになるので、赤くなります。きれいな赤い葉ができるのには、昼間の日射し、夜の冷たさ、それに水分が必要です。山奥の紅葉がきれいなのはこのため。

緑のリンゴを急いで赤くさせたかったら、天気の良い日にひなたに出して、霧吹きで水をかけてやれば、翌日にはもう赤くなっています。

トンネルの中の電灯はなぜオレンジ色か？

高速道路などのトンネルでは、かつてオレンジ色のナトリウム灯が使われていました。トンネルという異空間が、あの色でさらに不思議な雰囲気を醸し出します。見るものすべてオレンジ色。さっきまで緑色をしていたTシャツも、青いトレーナーもオレンジに変わるのです。

あまり気持ちのいいものではありません。

しかし、オレンジ色にするにはちゃんとわけがあるのです。スピードを出して走る高速道路では、前を行く車がはっきり見えることが大切。それには、そのスペクトルが可視領域全体に分布している白色光より、**影がはっきり見える一種類の色の光のほうが適している**のです。

それではなぜオレンジ色かと言えば、**波長が長いため**。光の波長は、紫、青、黄、オレンジ、赤の順で長くなります。霧やもやが発生したときには、なるべく波長の長い光のほうが、より遠くまで見えるので、オレンジ色が使われているのです。

近年は、オレンジ色は数が減り、発光色の白い「高効率蛍光ランプ」が標準になって、さらにはLEDランプも増えています。

ちなみに、夕焼けが赤くなるのも、フィリピン上空にいる太陽の光が、西の空にある水蒸気や地面から舞い上がったホコリを通ってくるため、赤い色だけが日本に届くのです。

厚い氷の下でも魚が元気に泳いでいられるわけは?

暖房をつけると、暖かい空気が上に上がってしまい、足下が寒いのはご承知の通り。お風呂を沸かして、表面が熱いからと入ったら、底はまだ水だったなんてことも経験があるかもしれません。空気も水も、温度が上がると膨張して軽くなるので、上に上がる性質があるためです。

ところが、冬の池の水は、表面よりも底のほうが温か。コイが冬の間、水底の泥の中でじっとして、水温が上がるのを待っていられるのも、このためです。

水には不思議な性質があって、摂氏四度になると、ほかのどの温度の水よりも重くなります。それで、**池の表面が冷えて四度になると、その水は下のほうに沈み、温度がそれ以下に下がった水は表面に取り残されて、凍ってしまうこともある**のです。

厚い氷の下で、魚が元気に泳いでいられるのは、このためだったのです。

肘《ひじ》を打つと、しびれるのはなぜ？

肘鉄を食らうのは痛いものですが、肘を机の角などでぶつけたときにも相当なもの。目の玉が飛び出しそうです。

これは、肘のところに神経の束が通っているためで、神経は体内のあちこちから、ちょうど木の枝が根元に向かって集まり、太い枝となり、幹となっていくように、神経の細い筋が集まり束になっているのです。

肘を通る神経の束は表面に近く、その周りは硬い骨ばかりなので、肘を打つと、神経の束にまともに触れてしまってしびれるのです。

茹で卵をすぐ水につけると殻がむきやすくなるわけは？

茹で卵をむくのにも、ちょっとしたコツを知っていると知らないとでは大違い。茹だったら、すぐ水につけると殻がむきやすいので覚えておきましょう。

卵の殻は、密閉されているように見えますが、ほんのわずかですが空気が通っています。

卵の内部には気室（気泡）があって、卵を茹でると、この気室内の空気が膨張して、卵の外に逃げていくのです。**茹でた直後に冷水につけると、気室内が減圧して、逃げ出した空気の代わりに外から水が入ってきます。この水が殻と卵白の間に入り込む**ので、殻がむきやすいというわけです。

なお、茹でる水に酢をたらしておくと、ヒビが入って中身が飛び出してきても固まるので安心です。

紙は木からつくるのになぜ「糸」偏か？

紙は今から一九〇〇年も昔に中国で発明されましたが、それまでにも紙に似たものが使われていました。

それは、絹の布です。

絹の布はその頃から着物の材料として貴重なものでしたが、筆で字が書けるので紙の役割も果たしていました。絹は、カイコがつくったマユから取った糸でつくるのはご承知の通り。その手触りは、とても滑らかです。

「紙」という字の「糸」は、生糸をより合わせてねじっている形から来ているもので、糸偏の右にある「氏」は「滑らか」という意味。

つまり「紙」という字は、「絹糸でつくった滑らかな糸」ということを表わしているのです。

紀元前三〇〇〇年、古代エジプトでは、パピルスという湿地に生える草の茎から紙に似たものをつくっていました。また中世ヨーロッパでは羊の皮をなめした羊皮紙が広く使われていました。

今では、木を砕いて細い繊維にときほぐしたもの、つまりパルプからつくられています。

「糸」には、「細いもの」という意味もあるので、今の紙にも、この字をそのまま当てはめてもいいことになります。

レンコンの穴は何のため？

ハスは大昔から、大切な食べ物でした。根のレンコンだけでなく、種も食べられたので、お米などと一緒に田んぼの中でつくられてきました。

タンニンや鉄分を含んでいて止血作用があるので、すりおろした汁を飲むと、胃潰瘍や子宮出血、喀血《かっけつ》などにも効き、また、絞り汁は咳止め効果があるとされてきました。

さらに栄養面でも、一〇〇グラム中に、ビタミンCが五五ミリグラムも含まれているという、優れものでもあります。

そんなレンコンの特徴と言えば、いくつも並んでいる穴。このお蔭で、お料理でもミソとカラシを詰めたカラシレンコンとか、挽き肉を詰めて、揚げたり煮たりして楽しむことができます。

さて、その穴ですが、**本来は空気の通り道**。植物も成長のためには空気が欠かせません。しかし、レンコンが好む環境である水底の泥の中には、呼吸をするための酸素が少なく、この穴が重要な役割を果たしています。

穴は、地上の茎や葉にあいている小さな穴とつながっていて、空気のほか、水蒸気の通り道にもなっています。

レンコンの旬と言えば秋から冬にかけて。

ふだんは細いハスの根が、冬を越すために栄養を溜め込んで根の先のほうの三～四節だけが急に太くなるのです。春になると芽を出すのもこの部分です。

なぜカツオだけ一本釣りで釣るのか？

カツオの一本釣りは、男の戦場。釣られまいとするカツオとの一騎打ちで、機械化された現代に似合わない熱い血潮を感じさせられる漁法です。

カツオは二〇～二二度の水温が好きで、春から夏にかけて黒潮に乗って、南のほうから日本の近くまでやって来ます。そのときを狙って漁が行なわれるのです。

カツオの群れに遭うと、生簀《いけす》に入れておいた生きたイワシを海にまいてカツオをおびき寄せ、そこに釣糸を垂れて一匹ずつ釣っていきます。これが一本釣りです。

イワシやサバ、アジなどは海面近くに群れをつくってゆっくりと泳ぐので、船に近づいた群れを網で包むようにして捕まえることができます。

しかし、**カツオは泳ぐ速度が速く、もたもたしていると、あっという間に逃げられてしまいます**。その点、一本釣りなら糸を垂らすだけで済みますから、準備に手間取ることがないのです。

しかし、最近は、目の粗い大きな網でカツオを捕るように工夫がされています。

なぜ汗かきや赤ちゃんばかりが蚊に狙われる？

同じ場所にいても、自分ばっかり蚊に刺されると嘆く気の毒な人がいます。これは、その人の思い込みではなく、科学的にも正しいこと。

蚊が人間を刺すとき、「これは腕だ、足だ、女の子だ」などと目で確かめてから吸うわけではなく、体から立ち上る何かを手がかりに近寄ってくるのです。

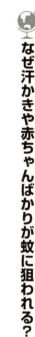

その何かとは、**まず水分。汗をかいて水蒸気が立ち上っている肌を、蚊は敏感に感じ取ります。そして、口や肌から出る二酸化炭素や乳酸。**遠くからでもわかるので、近づいて人の体温を感じ取り、肌であることを確かめてブスリ。

というわけで、汗かきの人、体温の高い人は蚊に刺されやすいことになります。

だから、新陳代謝の激しい体温の高い赤ちゃんは、攻撃の的です。また、お風呂上がりや、運動した後も要注意。

睡眠中に、顔の周りを飛び回る蚊にはまったく閉口しますが、そのわけは鼻から出る二酸化炭素だったのです。

なお、同じように刺されても、やたらに腫れる人と腫れない人がいますが、繰り返し刺されていると、肌が慣れて免疫ができ、あまり腫れなくなるようです。

ツバメはなぜ去年の巣を覚えている?

前の巣を使うのは親ツバメ。

その確率は五〇～六〇パーセントと言われています。

ツバメは高いところから見た景色をちゃんと覚えているのです。なにしろ巣をつくるときに、枯れ草の切れ端や泥の固まりを何十回も運ぶのですから、このとき巣の場所をしっかり覚え込むことができるのでしょう。

渡りのときも、この記憶がしっかり役立ちます。ツバメは体の中に、自分だけにわかる体内時計と呼ばれるものを持っていて、太陽や星座を見ては「この時刻に太陽がこの方向に見えるから、こちらが南」といった判断をしながら飛んでいきます。やがて巣のある町に近づくと、去年の記憶が呼び起こされて、前に使っていた巣にたどり着けるというわけです。

ただし、空が曇っているときは、方向が決められず群れがバラバラになってしまうことがありますし、途中で力尽きてしまうのもいますので、この程度の確率になるのでしょう。

なお、去年生まれた若いツバメは、新しい巣をつくります。家の軒下にツバメが巣をつくったら、また帰ってくることを信じて、そのままにしておいてあげましょう。

お風呂に入るときにつく体の泡は何？

体を流さずに、いきなりお風呂に入ると、体中に細かい泡がつきます。これは、**毛穴や毛の間の空気がそのままお湯の中に持ち込まれて、それが温まって膨れて泡になったもの。**

体を濡らして入っても、お風呂のお湯をかき回したりすると泡がつくことがありますが、これは、水の中に溶けている空気なのです。

水の中には、大きなバケツ一杯当たり、コップ一杯分の空気が細かい粒となって混じっているのです。でも、熱く沸かすと、空気の粒がどんどん追い出されてしまい、泡は減っていきます。

日焼けのあとがかゆいのはなぜ？

天ぷら油などが飛んで火傷したとき、赤く腫れてヒリヒリ痛み、水膨れになることがあります。やがて治ってくると、皮は茶色くなってむけてしまいます。

日焼けもこれと同じ。つまり、軽い火傷なのです。だから、日焼けのひどいものは火膨れになりますし、時間が経てば皮がむけてきます。

ところで、日焼けはなぜかゆいのでしょう。

それは、痛みとかゆみは兄弟のようなもので、痛みがうんと軽いときは、かゆく感じられるからなのです。

皮膚には痛みを感じる痛点があります。痛点をそっと触れると、ゾクゾク感じます。これがかゆみなのです。

火傷をしたり、蚊に喰われたときは、**皮膚のすぐ内側の小さな袋が破れて、中からヒスタミンというかゆみの成分が出ます**。このため、痛さが強くないときはかゆみを感じるのです。

かゆみ止めには、ヒスタミンを抑える成分が入っています。かゆいときにかくともっとかゆくなるのは、かくことでヒスタミンの袋がさらに破れて、ヒスタミンがたくさん出るからだと言われています。

蚊のくちばしは髪の毛のようなのに、なぜ人を刺せるのか？

この疑問に答えるためには、実際に蚊が刺しているところを、虫メガネで見てみることです。と言っても、あとでかゆいのでしゃくにさわりますが。

蚊のくちばしが、一本でなく二本であることに気づきましたか。一つは上唇で、二本の毛からなっていて、その先はキリのようにとがっています。もう一つは下唇で、前のほうに巻いてサヤをつくり、上唇を包んでいます。

　蚊が、人間の肌に下唇を当てると、その中に包まれているキリの役目をする毛が肌に傷をつけます。それから、上唇が深く刺さり、血を吸うのです。その際、下唇は、後ろへたわんでいます。

　人間の血は、体の外に出るとすぐ固まる性質がありますが、蚊の唾液には血を固まらせない成分が含まれているので、その心配はいりません。

第4章

南極と北極ではどちらが寒い？

【フトした疑問の謎が解ける】雑学

帝王切開の「帝王」って誰のこと？

逆子や、胎児の頭が骨盤より大きい場合に行なわれる帝王切開は、今ではさほど難しい手術ではなくなりました。

しかし、その昔は、お産中に母親が死んだ場合に、やむなく開腹して胎児を救うという決死的な手術だったようです。

こうした帝王切開の起源は古く、紀元前三世紀の古代エジプトでの記録が残っていますし、ローマ帝国では、どのような場合に帝王切開をすべきかを法で定めていました。

ところで、帝王切開の「帝王」とは、どういう意味でしょうか。

帝王切開は、ラテン語で「sectio caesarea」と言います。「caesarea」とは、切る、切り刻むという意味なのですが、ドイツ語に訳するときに、これをうっかり「caesar」、つまり**ローマ帝王ジュリアス・シーザーと誤訳してしまった**のです。

この誤訳が、今でも使われ続けているということなのです。

ただし、シーザー自身が子宮切開によって生まれたから帝王切開と呼ぶのだとする説もあります。

マスクメロンの網目の正体は？

最近はメロンの種類も豊富になり、夕張メロン、アンデスメロン、アムスメロンなどさまざまな品種が出回っています。

そのメロンの代表格は、なんと言ってもマスクメロン。そのトレードマークとも言えるのが、表面に盛り上がっている網目の筋です。

この網目は、どうしてできるのでしょう。

マスクメロンは、皮よりも中身のほうが速いスピードで生長します。このため、内側から皮に強い圧力がかかって、皮にひび割れができるのです。このひび割れに中からにじみ出た汁がコルク層をつくり、発達してできたのが、網目の正体なのです。

春先に出回るのになぜ夏ミカンと言うか?

夏ミカンと聞くだけで、あの酸っぱさを連想して、ツバをゴクリと飲んでしまう人も多いはず。とはいえ、最近の夏ミカンは品種改良が進んでずいぶん甘くなり、滅多に酸っぱいミカンにお目にかからなくなってしまいました。

さて、この夏ミカンが出回り始めるのは二月頃からで、三〜五月が出荷の最盛期となります。つまり、春の果物というわけです。俳句の世界でも夏ミカンは春の季語とされています。それなのになぜ、夏ミカンと呼ばれるのでしょうか。

夏ミカンは、あまりの酸っぱさにそのままでは食べられず、子供の玩具や酢の代用品として使われてきましたが、木につけたまま初夏〜夏頃まで待つと、酸味が和らぐことがわかったのです。

夏に食べておいしいミカンということで夏ミカンと呼ばれるようになったわけですが、この名前だけは、品種改良がなされ、出荷が春先に変わっても、そのまま残ったというわけです。

ちなみに、夏ミカンは一八世紀初頭、山口県長門市にある青海島《おうみじま》の海岸に漂着した果物の種をまいたのが始まりだと言われています。

紅茶も緑茶ももとは同じ？

まったく香りも味わいも違う紅茶、緑茶、中国茶ですが、**実は同じ茶の木から摘まれた葉が原料です。葉の中にある酵素をどの程度発酵させるかによって、種類の違うものができ上がります。**

十分に発酵させてできるのが紅茶です。これは、摘んだ葉を棚に広げて干し、ローラーにかけて汁を絞り出してから濡れた布で覆うと、葉の酵素が働いて発酵し、黒っぽい色に仕上がります。

中国茶は半発酵させたもので、発酵の度合いによって、ウーロン茶など、さまざまな種類がつくられています。発酵をまったくさせないのが緑茶で、若葉を蒸してもんだり、炒ったりしてつくられます。

ウインドサーフィンはなぜ風上に向かって走れるか？

青い海を、色とりどりのウインドサーフィンが走るのが、湘南や江の島の風物詩となっています。

このウインドサーフィン、見ているとバランスを取ったり、舵を操るのがなかなか難しそう。それに、風がなければうまく進まないのではとも思ってしまいます。

ところが、まったくの無風でない限り進みますし、逆に向かい風でも進むのです。それはなぜでしょう。

斜め前方から風を受けると、ウインドサーフィンは横に押されます。このとき、**舵をうまく操作すると、横に押される力を斜め前方への推進力に変えることができる**のです。こうして、風上に対して四五度くらいの角度でジグザグに進めば、向かい風でも前進できるというわけです。この原理は、ヨットでも同じことです。

テープの声が自分の声と違って聞こえるのはなぜ？

テープやビデオで聞く自分の声は、なぜかいつも聞いている自分の声より貧弱な気がします。しかし、他人の声はあまり違わないで聞こえます。

どうしてでしょう。

われわれは、自分の声を、頭蓋骨を伝わって聴神経によって聞いています。そのため、外に発する声よりも、響きのある声に聞こえます。これは、低音部になるほどより顕著になるのです。つまり、テープで聞く声のほうが、他人が聞いている自分の声ということになります。

同じようなことが、タクアンやせんべいをボリボリかじっているときにも起こります。他人がかじっている音はさほど気にならない大きさなのですが、自分がかじっている音は驚くばかりです。

これも、自分のかじっている音は、頭蓋骨を伝わるために大きな音に聞こえてしまうためです。

空が青いのはなぜ？

宇宙から見た地球は、まさに「水の惑星」という名にふさわしい美しい青色をしています。

暗い宇宙にあって、そこだけが生命の息づく場所という気さえしてきます。

このように**地球が青く見えるのは、地球を取り巻く大気の粒子が太陽の光に反射するため**です。

そして、空が青く見えるのも、同じ理由によるものなのです。

太陽の光は白色光で、プリズムで見ると虹の色でおなじみのように、赤、橙、黄、緑、青、藍、紫の七色に分かれます。

この中で、波長の長い、赤、橙、黄色などの光は大気を通るうちに吸収されてしまうことが多いのですが、波長の短い青や緑色の光は大気中の粒子にぶつかって散乱するため、人間の目に届くことが多いというわけです。

南極と北極ではどちらが寒い？

シロクマは、北極にしかいません。ペンギンは南極にしかいません。シロクマの体毛と脂肪の厚さを考えると、北極のほうが寒い気がします。

実際のところはどうなのでしょう。

まず地形的に考えてみましょう。

南極は大陸が海に囲まれていて、北極は周りを大陸に囲まれています。陸地は暖まりやすく冷えやすい、そして、水は暖まりにくく冷えにくい性質があります。

ここから考えると、夏には気温が上がるけれども、冬の寒さは南極のほうが厳しそうです。

では、実際に気温を調べてみましょう。南極の中心部では最低気温がマイナス九〇度近くまで下がりますが、北極ではマイナス七〇度くらいです。やはり、**南極のほうが寒い**のです。

気温の差だけではありません。北極では風が弱いため、吹雪にならない限り寒さはしのぎやすいのですが、南極は強い風が吹くことが多いのです。これが激しくなると、ブリザードと呼ばれる氷片を含んだ激しい風が吹き荒れるのです。

というわけで、北極よりも南極のほうが寒いのです。

カバは真っ赤な汗をかく!?

動物園のカバは、昼間でも陸に上がっていることがありますが、野生のカバは昼間は川の中で眠ったり、泳いだりしています。そして、夜になると草を食べに陸に上がってきます。

あまり見る機会はありませんが、カバは大変な汗かきで、陸に上がると、全身汗びっしょりになります。このカバの汗が、血のような赤い色をしていると言ったら信じられますか。

かいたばかりの汗は透明なのですが、見る間に真っ赤に変わっていきます。これは、空気に触れると汗に含まれている色素が赤く変化するため。

でもこの汗、実はカバには汗腺がないため、汗ではないのです。

カバは陸上でも皮膚を濡れた状態に保っておかないと、皮膚がボロボロにはがれやすくなってしまうため、**粘液腺から汗のような粘液を出して皮膚を守っています。**

陸上ではノソリノソリと重たそうに歩くカバですが、水の中では軽々と泳ぎます。

マグロやカツオは泳いでいないと沈んでしまう!?

黒潮や暖流に乗って、世界の海を移動する大型回遊魚は、なんと一時も休まず、泳ぎ続けて一生を暮らしています。というのも、休んでしまえば死んでしまうからです。

そのわけは、主に二つあります。

その一つは、酸素を取り入れるためです。

つまり、魚は口から水を吸い込んで、その水をエラに流して、そこで、水中に溶けている酸素を血液中に取り入れて呼吸しています。そして、不要な水をエラぶたの隙間から外に捨てるのです。回遊魚の場合は、かなり速いスピードで泳いで、その勢いで口からエラに水を送り込まなければ、必要なだけの酸素を取り入れることができないのです。

そして、もう一つの理由は、体が沈んでしまわないようにするためです。**多くの魚は棲んでいる水と同じ比重をしているのに、マグロやカツオはその比重がかなり重いのです。**

暇さえあれば寝転がってテレビを見てしまいがちな現代人としては、こういう魚の一生はショッキング。よく途中で挫折しないものです。

ニワトリは鳥目でフクロウは色盲!?

人間はビタミンAが不足すると、暗くなるにつれて目が見えなくなる鳥目という病気にかかります。これは、鳥が夜になると目が見えないことからきているのですが、果たして本当なのでしょうか。

動物の目の奥には網膜があって、ここには入ってきた光をとらえて脳に伝えるための視細胞がたくさんあります。

この視細胞には、色覚を持ち、明るい光だけを受ける錐《すい》体細胞と、色覚を持たない、暗い光をよく感じる杆《かん》体細胞があります。どちらの細胞が多いかによって見え方が変わってきます。

人間の目は、両方の細胞が程よくあるので少し暗くても見ることができます。**ニワトリなど多くの鳥は、杆体細胞がごく少ないため、夜は活動しません。しかし、フクロウやヨタカなど夜行性の鳥は、杆体細胞が多いわけです。**夜行性の動物はすべて、杆体細胞が多いので、色盲ということになります。

本の中にいる虫の独特な子孫繁栄法

ふと懐かしくなって、昔読んだ本を開けてみると、なにやら動くものが。

「おや、なんの虫だろう。まさか、シラミやノミでは?」と一瞬ギョッとさせられますが、そうではありません。

これは、体長一ミリメートルほどで淡褐色をしているヒラタチャタテという虫です。本の中にいることから、booklouse、つまり本のシラミとも呼ばれています。とはいえ、人間に害のある虫ではありません。

湿った暗いところが好きで、本のほか、机の周り、特に引き出しの中に多く見られます。

本のノリやカビを食べながら生きていて、卵は紙の間に産むのですが、その卵は、受精せずに幼虫になる処女生殖なのだそうです。

目につかないようでも、虫はこっそり、ちゃっかりと生きているものです。

ウサギは自分のフンを食べる!?

うっかり道端に落ちている犬やネコのフンを踏むと、臭くて臭くて大騒ぎをします。

でも、コロコロコロッとかわいらしいウサギやシカのフンなら、踏んでもあまり気になりません。

とはいえ、「クソ食らえ」と言われたら怒ってしまうでしょう。

ところが、なんとウサギにとってフンは大事な栄養源なのです。

草食動物は、草を食べてもそれに含まれる繊維質を消化液で消化することができません。それでウシなどの偶蹄目《ぐうていもく》は、一度飲み込んだ草を胃の中の微生物に発酵させてもらい、もう一度口に戻して噛み直します。

でも、**ウサギなどの小動物には、反芻《はんすう》するための複胃がないので、腸内の微生物で発酵させ、そのときできたタンパク質やビタミンをそのまま排泄して、もう一度栄養源として食べる**のです。

ただし、これは被膜糞《ひまくふん》と言って、よく見かけるコロッとしたフンではなく、被膜のある柔らかいもの。肛門から直接口に吸い込んでしまうため、残念ながらわれわれが見る機会は少ないようです。

手の指の長さが違うのはなぜ？

人間は手を使うことで、いろいろなものを発明してきました。

しかし、五本の指の長さや向きが違う今の形でなかったら、それは不可能だったかもしれません。

たとえば、親指がほかの指と同じ向きについていたら物をつかむ能力は限られます。鉛筆だって、握ることはできてもつかむことは難しいでしょう。細かい手作業をすることが脳の発達につながるのですから、それも止まってしまいます。人類の歴史の中で手の存在は大きかったと言えるようです。

さて、手の指のうち、人差し指、中指、薬指が長いのは樹上生活をしていた祖先の名残りで、サルと同じように木の枝にぶら下がるのに使ったため、特に発達したようです。

親指は、地上に降りて二足歩行を始めた人間が、頻繁に物をつかむようになって強く頑丈に発達しました。足の親指も二足歩行を始めたときから大きくなったもの。

ちなみに、サルの足の指は手の指と同じ働きをするため、形も似ています。

キンギョが鳴くって本当？

夜店のキンギョでも上手に育てれば、体長一〇～一五センチに成長します。そうして大事に育てていれば、キンギョが鳴くのを聞くことができるかもしれません。

鳴くと言ってもキンギョの場合は一週間に一回くらい。**ノドの奥にある歯をきしらせて、ギュッギュッと小さい音で鳴く**のです。

魚には、ホウボウやトラフグをはじめ、鳴くものがたくさんいます。

夜店でキンギョを買うときは注意しないとすぐ死んでしまいます。

狭い水槽にたくさん入れられ、子供たちにすくわれるのですから弱っているものもいるのです。

動きのいいものを選びましょう。

ホルスタインは、なぜ年中お乳が出るのか？

人間の体はうまくできています。妊娠すると徐々に乳房が膨らんできて、出産後しばらくするとお乳が出るようになります。そして、お乳を頻繁にあげている間は、次の受胎ができにくい状態が続きます。

次々に生まれたのでは、母体も休まらず、赤ん坊もお乳を独占できないということなのでしょう。

では、乳牛、ホルスタインはどうかと言うと、これが**たっぷりお乳を出しながらも受胎することができ、なおかつ、人間よりははるかに長期間にわたってお乳が出る**のです。

人間はこれを利用して、一四か月サイクルで乳牛の妊娠を繰り返させ、出産直前の二か月を除いてずっとお乳を絞り続けて、効率のよい酪農経営をしています。

牛乳が安く飲めるのも、こうした牛の体のお蔭なのです。牛さんに感謝。

赤ちゃんの手足が温かくなると眠い証拠だというのは本当？

「寝る子は育つ」「三つ子の魂百まで」など子育てには昔から言い伝えられてきた知恵がたくさんあります。「手足が温かくなってきたら眠い証拠」というのもその一つです。

これは科学的に正しいこと。**人間の体は起きているときには交感神経の働きで血管が縮まり、眠っているときには逆に交感神経が働かずに血管が広がるために放熱が始まります。それで寝しなに手足が温かくなる**のです。寝汗をかくのもこのときです。

眠ってしまうと、この放熱で体温は〇・二～〇・三度低くなりますので、放っておくと寝冷えの原因になります。

人間の手足の皮膚温度は外気の温度に左右されやすいので、真冬に外で手袋をつけずにいると、零度近くになることもあります。

じっとしている赤ちゃんの手足は気温の影響をもろに受けるので、驚くほど冷たいときがあり、親を慌てさせます。

なぜ顔には鳥肌が立たないの?

鳥肌、これが嫌いで鳥肉が食べられない人もいるとか。人間の鳥肌を見るのもあまり気持ちのいいものではありません。

鳥肌は立毛筋が収縮して起きる現象で、手足だけでなく、**実は顔にもしっかり立っています**。しかし、顔は血行がよくて寒さに強く、そのうえ、立毛筋が退化しているため目立ちません。

鳥肌が立つのは霊長類の特徴の一つでもあって、たとえばサルは、毛を立てて空気の層を厚くして保温効果を高めます。また、これが体を大きく見せて敵を威嚇するのにも役立つのです。

人間が鳥肌を立てるのは寒いときなどですが、毛穴を通じて体の熱が発散するのを防ぐ働きをしています。

鳥肌と同時にブルッと震えることがありますが、これは筋肉を収縮させて体の中に熱を起こそうとするためです。

ニホンザルやマントヒヒのお尻は、なぜ赤いの？

動物園で、やたらにお尻が赤く盛り上がって、痛々しいサルがたまにいます。「病気？　もしや痔なのでは？」と心配してしまいますが、そうではありません。**実は、メスザルが繁殖期に入った姿**なのです。

サルのお尻には毛がないので、中の毛細血管の色が透けて見え、ふだんでもピンク色をしていますが、繁殖期に入ると、その毛細血管が膨れ上がって真っ赤になり、お尻全体が腫れ上がります。

これが「繁殖可能」のサインです。

サルにとってお尻は、顔と同じように気持ちを伝えるための重要な役割を果たしているのです。

ところで、サルのお尻は赤だけだと思ったら大間違い。アフリカに棲むサバンナモンキーは、皮膚のメラニン色素が多い関係で青いお尻をしていますし、ゴリラやオランウータンのお尻は黒といったようにさまざまです。

イカの足、本当は腕なの？

イカを料理すると、やたらに長い足があるのに気づきます。これは触腕と言って、エサを捕ったり、敵や恋仇の頭を押さえたり、時には気に入ったメスをわがものにするために使うこともあります。

そもそも、**イカの足と言われているのは腕**で、背中から数えて、第一腕、第二腕、第三腕、第四腕と数え、長い二本を触腕と呼んでいます。

触腕は、普通は他の腕の二倍程度ですが、ユウレイイカのように、胴体は五〜六センチなのに触腕が五〇センチもあって、発光器官までついているものもいます。

また、触腕がないため、足が八本しかないイカもまれにいます。となると、足の本数でタコとイカは区別しにくいので、「吸盤にリングがついている」のがイカで、「直接筋肉の吸盤がある」のがタコという区別がされています。

ちりめんじゃこ、白子干し《しらす》、小女子《こうなご》の違いは？

色が白くて形も似ており、見かけは大差がない小魚たちですが、種類の違う稚魚だということは意外に知られていません。

ちりめんじゃこと白子干しはイワシの稚魚で、小女子はスズキ目イカナゴ科の魚でイカナゴというのが正式名称です。

また、姿もよく見ると、ちりめんじゃこの頭は丸く、小さな目は青く澄んでいますし、白子干しは稚魚をさっと塩ゆでして干したため、目はよどんでいます。小女子は銀白色で、頭はサヨリのようにとがっています。

魚嫌いの子供でも、ごはんにふりかけたり、天ぷらや炒め物に混ぜ込めば知らず知らずのうちに食べられてしまう小魚たち。カルシウム源として貴重な存在です。

それに、冷凍庫に常備しておけば、いつでもさっと湯がくだけで使える便利さも嬉しいもの。じゃこは雑魚《ざこ》が転訛《てんか》したもので、下っ端とか、つまらないもののたとえに使われますが、大いに利用したい食品です。

その昔、バターは塗り薬だった!?

生クリームを混ぜていて、うっかり混ぜ過ぎると、油分が出てきてしまうことがあります。でも、「あーあ、無駄になっちゃった」などと思わなくても大丈夫。実は、ひたすら混ぜていると、油分と水分に分かれ、それがバターと乳清になるのです。バターはこうしてつくられます。

バターの歴史は古く、紀元前二〇〇〇〜一〇〇〇年頃にはインドでバターがつくられたという記録があるほどです。また、その始まりは、遊牧民が生活の中で偶然につくり出したとも言われています。

それがヨーロッパに伝わったのは紀元前五世紀頃ですが、ローマ人は、バターを野蛮人の食べ物だとして口にしようとはせず、その代わり、**赤ん坊や幼児などの体を柔らかくするからと、塗り薬に使われていました**。また、整髪料や、軍用のゾウの傷薬としても愛用されたのです。

スコットランドやイングランドでは、羊毛の保護剤としてヒツジに塗ったり、ランプの灯油などにも使われました。

なお、日本でも江戸時代頃から将軍などに薬として使われましたが、食用となったのは明治以降のことです。

梅干しは酸っぱいのになぜアルカリ性食品なの？

酸っぱい梅干しや夏ミカンがアルカリ性食品だと言われると、なにやら不思議な気がします。

実は食品の酸性・アルカリ性は、その食品を燃やしてできる灰を水に溶かしたときに何が含まれるかで判断されるもの。**アルカリ金属であるカリウムやカルシウムを多く含むのはアルカリ性食品。リンや硫黄を多く含むものは酸性食品**と言われているのです。つまり、味ではなく化学的な分類方法だったのです。

梅干しを焼いてみると、ナトリウム、カリウム、カルシウムなど、アルカリ性のミネラルが検出されるので、アルカリ性食品に分類されています。

ところで、「体が酸性に傾くといけないので、アルカリ性食品をたくさんとらなければいけない」というのは本当でしょうか。

確かに、健康な人の体は弱アルカリ性に保たれていて、これが狂うとたちまち酵素などの働きが落ちて死んでしまいます。しかし、酸性食品をたくさん食べると体液や血液が酸性に傾くかと言えば、それは間違い。体内の防衛本能が働いて、いつも一定に保たれているのです。

「ミネラルのバランスを考えて食べること」、これが健康的な食事の秘訣です。リンや硫黄の多い穀類や動物性タンパク質を食べたら、カリウムなどの多い野菜や果物、海藻、きのこなどを食べること。つまり、昔から言われてきたバランスのよい食事を実践すればいいのです。

ゴボウを食べるのは世界中で日本だけ？

ゴボウは繊維質が多く、ファイバー食品の元祖とも言うべき存在です。ヘタな健康食品よりよほど便秘症に効果があり、アルカリ性食品なので塩分をとり過ぎる人にも最適。

その香りと歯ごたえの良さで、きんぴら、かやくごはん、たたきゴボウ、かき揚げ、そしてお正月の煮しめなど、日本人の食卓に欠かせない食べ物となっています。

ところが、この**ゴボウを食べるのは、意外にも日本人だけ**。戦時中の日本の捕虜収容所でアメリカ人やイギリス人捕虜の食事にゴボウを出したところ、戦後「木の根を食べさせた」として捕虜虐待の罪で戦犯になったというエピソードがあるほどです。

原産地は中央アジアで、中国から薬用植物として入ってきたもの。日本で改良して野菜として食べるようになったのが、そもそもの始まり。

いつでも出回っているゴボウですが、旬は梅雨の季節、六〜七月です。

頭の先に緑の茎がついた新ゴボウは、柔らかく瑞々《みずみず》しく、一年中で一番おいしいのは言うまでもありません。

日本人は、なぜカルシウムが不足しているのか？

洗濯するときに、ヨーロッパの水は硬水と言って、カルシウムやマグネシウムを多く含んでいるので泡立ちにくいと言われます。

それに対して、**日本は火山国。酸性土壌のため、野菜類などの農作物も水もカルシウムが少ない**のです。ヨーロッパ産のトマトは、日本産のものよりも二〇倍もカルシウムが多く、毎日たくさんの肉や卵、チーズなど酸性食品を食べ続けても栄養のバランスは取れるのです。

ところが、第二次大戦後、日本の食生活が欧米化して、肉や卵、チーズを多くとるようになり、昔から食べていた海藻類や小魚、青野菜などのアルカリ性食品の摂取量が減ったため、カルシウム不足が問題になりました。

住んでいる環境と人間がいかに密接につながっているかを物語る話です。

食卓は豊かになった一方で、病気やアレルギーを持つ人が増えている今、日本人の本来の食生活を、もう一度見直すことが大事のようです。

子供が甘いものの好きなのはなぜ？

子供は、舌のほか、口中上部の口蓋《こうがい》、喉、舌の下側、ほおの内側などにも味を感じる味蕾《みらい》を持っています。それが成長するにつれて減り、中年では子供時代の三分の一くらいになってしまいます。

子供が薬を嫌がるのも、今まで経験したことのない苦みを口全体で味わってしまうためでしょうし、大人になると苦いものや辛いものが平気で食べられるようになるのも、味蕾が減ってくるからでしょう。

さて問題の甘みですが、人間にとって甘みは、塩味とともに教えられなくても生まれながらに知っている味なのです。ほかの動物と違って、母乳がうっすら甘いのも、本能的に受け入れることができる味だからと言えるでしょう。甘さは、なぜか人を幸せな気持ちにさせるもの。子供はそれを口全体で感じるのですから、なおさらでしょう。

これに対して、苦みや酸味は後天的に経験して覚えていかなくてはならない味。「離乳食のときに、いろいろな味を覚えていかないと子供は偏食になる」と言われるのはこのためです。

なお、子供が甘いものばかり食べているときに気になるのが貧血。甘いものを食べると、血中の糖度が上がって満腹感を持ち、しつこい味の動物性食品を食べたがらなくなります。その結果、タンパク質が不足して貧血気味に。貧血になると、体の隅々まで酸素が行き渡らず疲れやすくなり、またまた甘いものが欲しくなるという悪循環が繰り返されるのです。

もちろん、肥満も気になります。清涼飲料水をはじめ、ハンバーグなどの加工食品も甘さで味をごまかしていますし、果物も甘くなる一方。現代っ子は、よほど気をつけないと健康に暮らせないようです。

第5章

地球も月も星も
みんな丸いわけは？

【思っていた以上に意外な自然】雑学

ヘビの食事は月に一食でも十分!?

人間がアゴを外したら大騒動ですが、ヘビはアゴを外して獲物を丸呑みにする名人。

ヘビの口は、骨が特別な構造になっていて大きく開くことができます。また、上下のアゴに並んでいる歯は細く鋭く湾曲して、いったん噛みついたら獲物は逃げられず、ヘビのほうも呑み込むことしかできないのです。

皮膚も膨れるだけ膨れて、丸呑みにした獲物を胃から腸のほうに送りながら消化していきます。

アオダイショウがネズミを呑んだ場合、そのネズミは食道あたりでは体毛もしっぽもそのままですが、胃の中に入って腸に送られるあたりで、毛はなくなってツルツル、皮膚の一部は溶けて、筋肉から内臓器官にわたって徐々に化学的分解が始まっているといった具合です。

ちなみにヘビは、**大きな獲物であれば一か月に一匹食べれば十**

分生き延びられるという腹持ちの良さです。

クマとカエルでは冬眠の仕方が違うの？

冬の間中眠り続けているのが冬眠だというイメージがあります。だから、クマもカエルもヘビも同じように眠り続けていると思われがちです。

しかし、それは間違い。**カエルやヘビは、気温に従って体温が変化する変温動物で、気温が下がると体温も下がり、すべての生理作用が行なわれなくなるため、眠り続けるのです。**

一方、クマやコウモリは温血動物、恒温動物と言って、人間と同じように体温は一定しています。このため冬でも同じ体温ですから、食糧のなくなる冬場も、この体温を維持しなくてはなりません。

そのために、なるべく温かい場所で、体力を消耗しないようにできるだけ静かに過ごす必要があるのです。

つまり、**眠り続けるわけではないので、冬眠というより冬ごもり**と言ったほうが正しいようです。

秋のうちに木の実などをたくさん食べて、皮下脂肪を蓄え、冬ごもりを始めたクマは、春になって穴から出てきたときは、三分の二の体重に減ってしまいます。

厳しいダイエット、とてもお勧めできません。

ウサギの毛は何を合図に生え変わるのか？

エチゴウサギの仲間は、冬は真っ白な毛に包まれ、夏は茶褐色の体毛に覆われて、敵から身を守っています。

この換毛は、どのようなメカニズムで行なわれるのでしょう。自然界の気温の変化に対応して起こると考えがちですが、実はそうではなく、**日照時間、つまり太陽からの指示によって行なわれているもの**なのです。

六月の夏至を境に毎日だんだんと昼の時間が短くなり、九月の秋分を過ぎると一日当たりの日照時間もぐんぐん減少していきます。

　この日照量の一日一日の減少が、ウサギの脳下垂体や甲状腺ホルモンに影響を与え、脱毛が起こり白い毛に変わっていくのです。ウサギを箱の中に入れて日照をさえぎって、毎日少しずつ日照量を減らしていくと、夏でも白ウサギが生まれることが実験でわかっています。

動物園のクマはなぜ冬眠しないのか？

　冬眠と言えばクマを連想する方も多いことでしょう。ただし、すでに述べた通り、これは冬眠と言うより冬ごもりと言うべきものです。冬ごもり前のクマは盛んに食べ物をとり、自然の実りの乏しい年には、人家の近くまで食べ物をあさりに来たことがニュースになります。

　ところが、動物園のクマは冬になっても冬ごもりせず、元気にエサも食べています。札幌など寒い地方の動物園で、室温が零度以下になってもクマは冬ごもりしません。

これは、クマが冬ごもりに入るのは寒くなってきたからではなく、皮下脂肪が厚くなることが唯一の条件だからです。

冬季、エサがなくなって大きな体を維持し切れないクマは、秋に入るとひたすら食べ物をとり、体に厚い皮下脂肪をつけます。この皮下脂肪が十分でなければ、冬ごもり中に死んでしまうからです。

動物園では、食べ物の心配はなく、皮下脂肪を蓄える必要もないため、冬ごもりすることはないというわけです。

蚊柱の蚊は人を刺さない!?

川沿いの道を歩いていて、たくさんの蚊に出くわすことがあります。蚊柱です。

この蚊柱をつくるのはオスの蚊たち。その羽音を聴いてメスの蚊が飛び込んでくると、数匹のオスの蚊が寄っていき、もつれながら蚊柱を離れていきます。やがてメスは、その中の一匹のオスとカップルになり、物陰で交尾するのです。

メスにふられてしまったオスたちは再び蚊柱に戻り、次のチャンスを待ちます。つまり、蚊柱は、お嫁さん探しのオスの集まりというわけです。

ところで、蚊柱に出くわすと、刺されては大変と慌ててしまいますが、その心配は無用。なぜなら、**人を刺すのはメスの蚊だけ**で、それも交尾をしたあと、おなかに卵がある間が多いとされているからです。寝しなに襲ってくるのも、こうした蚊です。ちなみに、オスは花のミツや果物の汁をエサにしているようです。

二億年前の〝生きた化石〟が日本にもいる!?

生きた化石と言えば、インド洋やマダガスカル島近くの深海で、二億年ほど前の化石の魚とほとんど同じ形のまま実在しているシーラカンスが有名です。

海底に比べて陸上では気候の変化が著しく、何万年もの間に同じ土地が森林になったり砂漠になったり、気温の高い時代や氷河時代もあったりして、たいていの動植物は、どこかで適応できなくなって絶滅してきました。

そんな中、恐竜と同じ時代に出現し、その子孫が現在まで、ほとんど当時の姿のままで生き残っている、奇跡とも言える動物がいます。

その名も**ムカシトンボ**。

何億年もの間生き延びてきたのが不思議なくらい、弱々しい羽をした小さなトンボです。

このムカシトンボは全世界に二種類しか残存しておらず、一種は日本の山間渓流の付近に、もう一種類はヒマラヤムカシトンボと言ってヒマラヤ山中に棲息しています。

ウナギが華厳滝を登るって本当？

ウナギは不思議な魚。

川にも湖にも棲んでいるうえに、海でも生活しているのです。

ウナギの産卵場所は長い間謎でしたが、大西洋のウナギの産卵場所は、カリブ海沖、バミューダ島南東のサルガッソー海だということが、シュミットというデンマークの海洋生物学者によって明らかにされました。

彼の研究によると、春に卵からかえった稚魚は、二年半もかかって大西洋を横断してヨーロッパの大西洋岸や、アフリカ北部の大西洋岸などにたどり着き、その地の各河川をさかのぼります。

そして、成魚になって再び海に出て産卵地に行くまでに、メスは少なくとも二年、オスになると四〜六年もかかるというのです。

川に入ったウナギは、体をくねくねとくねらして川をさかのぼっていきます。**日本でも華厳滝を登って中禅寺湖までたどり着いたウナギが発見されています。**垂直一五〇メートル以上もある滝の岩壁を泳いで登るというから驚きます。

ウナギは胸ビレを水平に開いてピッタリとくっつくと強い吸着力が出るので、それを利用するようです。

しかし、いったい何日かかって登るのかは明らかにされていません。

イカのスミはただの煙幕ではない?

タコやイカが敵から逃れるために煙幕を張るのはあまりにも有名です。この煙幕は、長い間、目つぶしと考えられてきましたが、イカの場合、実はそうではありませんでした。

イギリスのD・ヘール博士の研究によると、このスミは、まず塊として漂い、何かにぶつかった途端、あたり一面を黒く染めるということがわかったのです。

さらに驚くべきことに、この塊がイカの形そっくり。ヘール博士が実験室で水槽のイカを捕まえようとしたら、パッと黒く変色したので、それをギュッと握りました。すると、水全体が真っ黒になって、本体のイカは別のところでゆうゆうと泳いでいたそうです。つまり、イカの出した塊を、イカと見間違えたということになります。

イカを襲う魚は、視覚よりもむしろ嗅覚でイカを見つけるのですが、目前に真っ黒なイカが出現すれば、当然それに襲いかかります。その途端、煙幕が出て、**嗅覚まで混乱させられてしまう**というわけです。ちなみに、イカ一匹のスミは、五秒間で五・

五キロリットルの海水を黒く染めると言います。

昆虫の種類はなんと一〇〇万!?

昆虫というグループは、現在の地球の環境に最も適合しているらしく、赤道から極地まで、海岸から山頂まで、多湿地から砂漠に至るまで、あらゆるところに棲んでいます。その種類も一〇〇万という膨大な数。動物は、最下等のアメーバーから最高等の人間まで全部合わせて一三七万種類しかいないのですから、**七割までが昆虫で占められている**ことになります。

寒い冬を越すには、土の中や木材の中に入っていればいいし、卵かサナギになって越冬します。大風が吹けば大木の風下側に隠れ、大雨が降っても木の葉の下側に止まっていれば安全。敵から隠れるのも、体が小さいので有利。

こんなふうに考えていくと、昆虫はどう見ても死滅しそうにありません。それは、三億年前から変わらぬ姿で生き延びてきたゴキブリを見ても納得してしまいます。

チョウにも縄張りがあるの？

ヒラヒラとチョウが飛んでくると、のどかな気持ちにさせられるもの。しかし、その裏では、チョウ同士の熾烈な争いが展開されていることもあるのです。

日当たりのよい川原で、一匹のアカタテハというチョウが飛び回っています。岩角に止まって休み、飛び立ったかと思ったら、はるか空のかなたまで行き、四〜五分後にはまた同じ岩角に戻って休みます。

こんな光景を観察していると、チョウが飛び立つのは、別のチョウが近くに通りかかったときが多いことがわかります。追われたチョウと追うチョウが点のようになり、見えなくなるまで猛烈に追いかけ、追い散らしてしまうと、安心したかのように元の岩角で休むのです。**その岩角が、そのチョウの縄張りだから**です。

アゲハチョウの仲間には、「蝶道」と言って、林の中の同じコースを何度も回るものもいます。

見えない空間にも、人間が知らないいろいろな決まりがあるようです。

泳げない貝が大海を旅する方法は？

砂浜を歩いていると、さまざまな貝が見つかります。

北海道の礼文《れぶん》島では、イソギンチャクによって穴を開けられた二枚貝がたくさん散らばっています。能登半島の富来《とぎ》海岸では砂浜中が小さな貝でぎっしり占められていますし、佐渡にはサクラ貝ばかりが落ちている海岸もあります。場所によって違う貝に出合うのは、旅の楽しみでもあります。日本で見た貝を、フィリピンやオーストラリアで見かけると、なんだか嬉しくなってしまいます。

それにしても、海の底を這うしかない貝が、どうして広い地域で見られるのでしょう。

答えは簡単。**卵からかえった貝の子供は、親とは似ても似つかない球形のコマのような小さな虫で、クルクル回転して泳いで、大洋の表面を海流に乗って広がっていく**からです。そのため、貝には地域的な特徴はなく、南太平洋地域とか、太平洋・インド洋地域というような広範囲にわたって、ほとんど同じ種類が発見されます。ただし、水深によっては種類が異なり、深海底に棲んでいて滅多に採集されることのない貝もいるのです。

ミノムシのメスの暗い（？）生涯

子供の頃、ミノムシを捕まえてきてはミノをむしって、刻んだ折紙の中に入れて、カラフルなミノムシをつくって遊んだことのある人もいるのではないでしょうか。今はなかなかお目にかからなくなりました。

ミノガの幼虫のミノムシは、いつもミノの中で暮らしています。やがてオスはガとなって野外へ飛び出しますが、メスは成虫になってもその形はほとんど変わらず、一生ミノの中で過ごします。

そんなミノムシがどうやって交尾するかと言えば、メスはひたすらオスの到来を待つばかり。メスに気づいたオスのガは、腹部をミノの末端から差し込みます。そして、お互い見えない状態で交尾が行なわれるのです。交尾を終わったメスは、自分のミノの中に卵を産みつけます。なんとも暗い人生、いや虫生。でも、これが外敵から身を守る最も安全な方法ではあるようです。

チョウが水を飲むのは求愛ダンスのため!?

チョウには森で広葉樹の樹液に集まるものと、草原で花に集まって蜜を吸うものがいますが、どちらのグループのチョウも水辺を好むようです。水たまりや湿地に集まって管状の口を伸ばして水を吸っている姿をよく見かけます。

しかし、吸水のため湿地に集まっているのはオスのチョウばかり。というのも、**オスは配偶相手を探すために必死に飛び回らなければならない**からです。これに対してメスはあまり活動せず、常に受け身だから楽なもの。

真夏の昼間激しく活動したオスは、筋肉からの発熱で体温が気温よりも上がってしまうため、吸水して体温を下げる必要があるのです。ちなみに、気温三〇度の日に活動した場合、体温は三五～四〇度にまで上がります。このため、真夏のチョウは気温の低い午前八～一〇時頃、または夕方活動する種類が多いのです。

ナマケモノには緑の藻が生えている？

自然界に生きる動物たちは、敵の目から逃れるために、実に巧みな保護色をしているものです。

エチゴウサギやライチョウが、冬は周囲の白雪に紛れて発見されないように純白の体毛や羽毛に覆われ、夏になるとあたりの土や岩と見分けがつかないように褐色に変わるのは、前述したように有名な話。夏冬どちらの場合も、あまり動き回ると保護色の効果がなくなるので、彼らは動き方にも気を配ります。

哺乳動物の中で、保護色のチャンピオンは、なんと言っても中南米の森林に棲むナマケモノ。動いたり食べたりするのは夜だけで、昼間は木の枝に逆さにぶら下がったまま決して動きません。

背中には緑色の藻がびっしり生えているため、あたりの背景にすっかり溶け込んで、そこに生物がいるとは思えないほどなのです。

サケやウナギが海と川で生活できるのはなぜ？

海で釣ってきた魚は塩水でなければ生きていけませんし、川の魚は淡水でなければ死んでしまいます。ところがサケやウナギは、海と川を平気で行き来しています。どうして、そんなことができるのでしょう。

液体は浸透圧の低いほうから高いほうへ流れる性質があるのはご存知の通り。魚の体液の浸透圧は真水より高く、海水よりは低い値になっているため、淡水魚には水が入り込もうとするし、逆に海水魚は脱水の危険にさらされています。しかし、**そうならないのは、体の仕組みがそれを防ぐようになっているから**。

一般に海の魚の体液の浸透圧は、海水の三分の一ぐらい。サケやウナギが淡水に入ると、脳下垂体からプロラクチンというホルモンが出て、エラから水が入ってくる量を少なくします。そして、体から塩分が失われるのを防ぎ、塩分の少ない尿をたくさん出して、血液や体液を一定に保っているのです。

逆に海に下るときは、体に水を取り入れなければ生活できないため、腸で水分を吸収できるように準備し、塩分を排出させるエラにある塩類細胞が発達し始めます。そして、尿は塩分の多いものが濃く少ししか出ないようになるのです。

扁桃腺にもちゃんと役目があるの？

昔は、扁桃腺は役に立たないものだと考えられていたため、扁桃腺がよく腫れる子供は手術をして切ったものです。

喉の奥がまるで見えないほど腫れている扁桃腺を見たことがありますが、よく食べ物が入っていくなと思うほどでした。

しかし、今はやたらに切らないほうがいいとされています。それは、扁桃腺が大切な役目を果たしていることがわかったからです。

扁桃腺は、舌の奥の、喉の両側にでんと構えて、口から入ってきた細菌が体の中に侵入しないように番をしています。

そこには**何百万もの白血球の兵隊がいて、侵入してきた細菌をガツガツと食べてしまう**のです。しかし、細菌が強すぎるときは、それをやっつけるためにどんどん血液が送られてきて、このために扁桃腺が膨らみます。扁桃腺が腫れると高熱が出ますが、それだけ戦いが激しいと言えるでしょう。

たびたび扁桃腺が腫れて高熱を出すのは、小さい子供に多いようです。これは、免疫力がついていないためで、熱を出すたびに丈夫になっていく成長段階と考えられています。

なお、扁桃腺は何かを分泌する器官ではないので正確には「腺」ではなく、したがって現在では、医学的にも一般的にも単に「扁桃」と呼ばれています。

血液は赤いのになぜ血管は青いの？

けがをしたときに出る血は、驚くほど赤いものです。なぜ血液が赤いかと言えば、ヘモグロビンという鉄分を持つ赤い色素を含んでいるため。

ヘモグロビンは、肺で酸素をたくさん吸収して各組織へ送る働きをしています。酸素をたくさん含んだヘモグロビンは鮮やかな赤色をしていますが、組織に酸素を送り終えると、暗い赤紫色に変わってしまいます。

外から青く見える血管は、暗い赤紫色の血が流れる静脈のほう。血管の壁と皮膚を通して血液を見るために、本当の色よりも青く見えるというわけです。

酸素をたくさん含んだ血が流れる動脈は、皮膚から離れた深いところにあるため見ることができません。舌の裏側は血管の壁が薄いので、赤紫色をした静脈血を見ることができます。

なお、血液の色は動物によって多少違い、貝の血は緑色をしています。これは、血液の中に鉄分の代わりに銅が含まれているからだと言われています。

心臓は休まなくても平気なの？

人の握りこぶしくらいしかないちっぽけな心臓。この心臓が休みなく体中に血液を送ってくれているお蔭で、私たちは毎日健康に暮らしています。でも、休まないで働き続けてバテないのでしょうか。

心臓を動かすのは、心筋という、脳に命じられていなくても規則正しく動くことのできる筋肉。心筋が縮むたびに、新しい血液が体中に送られていきます。

心臓は絶えず動き続けていますが、心筋のほうは休みを取りながら動いているのです。つまり、一回縮んだあと、次に縮むまでの間は必ず休んでいるというわけです。

その数は、一分間に大人で七〇回くらいですから、〇・四秒間動いては〇・四秒休むといった具合。

なお、ゾウの心拍数は一分間たったの二五回で、ネズミが六〇〇回というから驚きです。

太陽の黒点が異常気象をもたらす？

太陽には黒点という黒い点があります。

これは、明るい部分の太陽よりも四分の一くらいの明るさしかないので暗く見える現象。

温度も、太陽が光っているところが六〇〇〇Kもあるのに、黒点はおよそ四二〇〇度しかありません。

黒点は、ほぼ一一年周期で増減を繰り返していますが、**たくさん現われたときは、北極にオーロラがたくさん出現したり、デリンジャー現象と言って電波障害が起こったり、地球上に少なからぬ影響をもたらします。**異常気象と黒点の関連を調べている研究者もいるようです。

事実、黒点がほとんどない期間が七〇年も続いたときは、ヨーロッパの気温が平均して低かったという記録もあります。

普通、黒点の寿命は数時間程度のものから、ものすごく大きいものでは数か月続くものもあります。このように出現と消滅を繰り返すのは、太陽の活発な活動を反映しているからと考えられます。黒点はおそらく、太陽の大気の巨大なつむじ風のようなものなのでしょう。

しかし、今のところ、黒点の正体はよくわかっていません。ただ、温度が低いのは、黒点には強力な磁場があるので、その磁場に妨げられて周囲との熱交換がうまくいかないためと考えられています。

ちなみに、その強さは三〇〇〇～四〇〇〇ガウス。地球の磁場が一ガウス足らずですから、その途方もない大きさがわかります。

どうして夜は暗いの？

確かに、山の中の夜は真っ暗。月の出ない晩の暗さと言ったら、気絶しそうなほど。誰もがこんな暗い中で過ごしていたのかと思うだけで、昔の人を尊敬したくなってしまいます。

今や、なかなかそんな暗さにはお目にかかれません。街の明かりで空全体が薄明るいことさえあるのです。

さて、どうして夜は暗いのかという疑問ですが、「太陽が沈んだからに決まってる」と事もなげに答えるかもしれません。

一九世紀にドイツのオルバースという人は、もし、宇宙が無限に大きいとすると、輝く星も無限にあることとなり、地球は四方八方からこれらの星々に照らされて、夜も明るいはずだと考えました。

そうならない理由を、二〇世紀になってアメリカのハッブルが見つけました。つまり、遠くの銀河が地球からどんどん遠ざかっているのを発見したのです。それも、遠くなればなるほどそのスピードは速くなる一方。そのために、**うんと遠くの銀河からの光は届かない**のです。

つまり、無限ではなかったわけ。これは、宇宙誕生の瞬間の大爆発ビッグバンのときから始まっているのです。

このお蔭で、私たちは夜ぐっすり眠れるというわけです。

地球も月も星もみんな丸いわけは？

「宇宙では、丸い形が一番自然だから」というのが、この問いに対する答え。

と言っては身もフタもありませんから、そのからくりを説明しましょう。

地球をはじめとするいろいろな天体は、宇宙空間に漂っていたチリが集まってできたものと考えられています。

はじめ、濃いチリの漂っているところに、何かの加減で揺らぎが生じ、そのためにさらに濃い部分ができます。濃い部分は重力（引力）を周りの空間に及ぼすため、周りのチリを引き寄せてどんどん大きくなって原始天体となるのです。

このようにしてでき上がった天体を自己重力でできた天体と言います。**重力は、周りの空間に均等に働くので、丸くなる**のです。

もし、丸くならないで四角形や三角形の天体があったとしたら、そのとがった頂点には、何か特別な重力が働いたと考えられます。

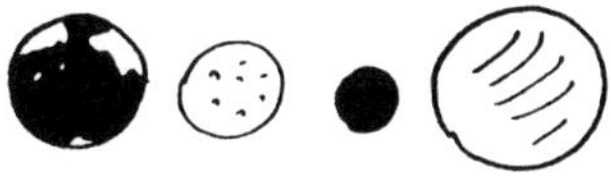

また、丸い天体の形が変わるようなことがあれば、再び丸くなろうとする力が作用するのです。

でも、いろんな形の星があったら、夜のネオンは必要なくなるほど、楽しいものになるかもしれません。

夏至が一番暑くならないのはなぜ？

夏至と言えば六月二一日頃。昼間の時間が一番長い日として知られています。夕方の七時半を過ぎてもまだ明るく、一日が長くて得しているような、浮かれた気分にさせられます。

ところで、夏至が太陽に一番長く照らされているなら、一番暑い日であってもよさそうなのに、そうならないのはなぜでしょう。

この謎は、一日の気温変化を考えてみればわかります。一日の中で、一番太陽が高くて日照量の多い時間は正午です。ところが、一番気温の高くなるのは午後二時頃。

つまり、**地球の大気の気温は、温められてもすぐには上がらず、時間をおいてジワジワと上がってくる**のです。その間に、空気が混ぜっ返されたり、地面に溜まった熱が吐き出されたり、さまざまな作用があるのです。

だから、夏至の頃、地面や大気が十分温められて、それがジワジワ効いて、梅雨の明ける七月中旬から八月に真夏を迎えるということになります。

ちなみに、大気のない月面では、ジワジワということはなく、太陽に面している昼の部分は摂氏一〇〇度近くまで上がり、太陽の隠れる夜には、マイナス一〇〇度まで下がってしまいます。

流れ星は星ではない!?

流れ星が消えるまでに願いごとをすれば、その願いはかなうと言われています。し

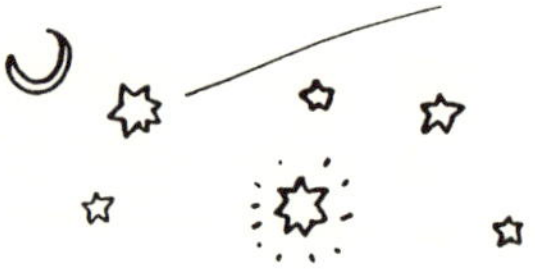

かし、悲しいかな、「あっ、見つけた」と思った瞬間、闇夜へ消えてしまうのです。その万に一つ成功するかしないかだからこそ、こう言い伝えられているのでしょう。

ところで、流れ星とは、いったい何だかご存知ですか。星が流れていると思ったら大間違い。**実は宇宙のチリ**なのです。

太陽系には、小さな宇宙のチリがたくさん太陽の周りを回っています。小惑星のできそこないや彗星がまき散らしていった残骸など。こうしたチリが漂っているところに太陽の周りを回っている地球が突入すると、チリは地球の引力に引かれて大気圏に突入し、その摩擦で地上一〇〇キロあたりから輝き始めるのです。

宇宙のチリは大気中に飛び込むと、大部分は大気との摩擦によって燃え尽きてしまい、地上に落ちてくることは滅多にありません。それでも、大きなものの中には地上に到達して巨大な穴を開けるものもあります。

つまり、隕石《いんせき》です。アメリカには、直径約一二〇〇メートル、深さ約二〇〇メートルもある隕石孔《いんせきこう》が発見されています。

どうして星と星は衝突しないの？

海や山へ行ったとき、夜空には驚くほどの星がまたたいています。特に、夏の天の川はまさに星の川。ひしめいているようです。これでは、どれが織り姫でどれが牽《けん》牛《ぎゅう》か、白鳥座はどこなのか見分けがつきません。「こんなにたくさんの星がぶつかることはないのだろうか」という疑問さえ湧いてきます。

しかし、心配は無用、なにしろ宇宙は広いのです。人間の考えられるスケールではありません。

イギリスの有名な天文学者ジーンズは、**宇宙空間の混み具合を「ヨーロッパ大陸にアリが三匹」くらい**と表現しています。これでは、星と星が衝突することはまずあり得ないでしょう。

ところで肉眼で見える星（六等星まで）は、南北両半球合わせてせいぜい六〇〇〇個くらい。夜空の星のそのかなたには目に見えない星がずっと分布しています。

その数はと言えば、われわれがいる銀河系だけでも、恒星が約一〇〇〇億個以上。

同じような恒星の大集団の銀河が、二兆個以上はあると考えられています。銀河は、それぞれが一〇〇〇億個の星の集団ですから、恒星の数は一〇〇〇億×二兆個以上ということになります。とにかく気の遠くなるような話です。

土星の環《わ》は消えることがある？

土星と環は切っても切れないもの。しかし、この環がときどき消えるということをご存知ですか。

それを最初に発見したのは、かのガリレオ。望遠鏡を向けていたガリレオは、土星の左右に奇妙な耳のようなものがついているのを発見しました。それが実は環なのですが、その耳がある日消えてしまったのです。驚いたガリレオは、さっそくケプラーに手紙を書いて意見を求めています。

土星は二九年半の周期で太陽の周りを回っていますが、ときどき、地球から見てちょうど真横を向くときがあります。そのとき、環は一本の筋になってしまうのです。

これは、性能のよい望遠鏡でも見分けがつかないくらいですから、ガリレオの初歩的な望遠鏡では見えなくて当然だったのです。

環が真横に来るのは一四～一五年に一回というまれな現象で、ガリレオはきわめて珍しい天文ショーを見たことになります。

この環の正体は、宇宙のチリや氷などの微粒子が集まってできたもの。幅は四万六〇〇〇キロメートルもある広大なものですが、環の厚みの平均はなんと一五〇メートルしかなくて、最大のところでも五〇〇メートルを超えません。厚みは幅の三〇万分の一に過ぎないのです。

薄いゆえ、真横を向いたときは地球の望遠鏡の視界から姿を消してしまい、まるで環が消えてしまったかのように錯覚するのです。

第6章

なぜ信号は世界共通、赤、黄、青なのか？

【言われてみれば気になる】雑学

なぜカツオのタタキは皮を焼くのか?

鰹節《かつおぶし》の歴史は古く、奈良・平安時代の税の中にもその名が記されています。その頃は、鰹節とは言わず、堅魚、煮堅魚と呼んでいました。カツオは腐りやすい魚なので、保存、輸送のために、一度煮てから肉を乾燥させたのです。それが、室町時代の頃から鰹節の名が散見されるようになり、調味料として使われるようになって、現在に至っています。

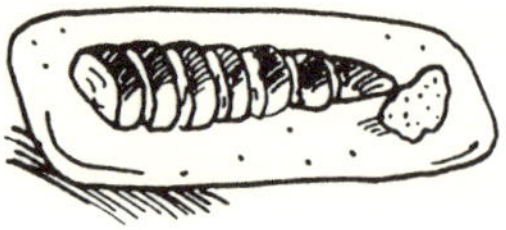

ところで、カツオのタタキの皮が焼いてあるのも腐りやすいからなのでしょうか。

こちらは、おいしくするため。カツオが、本当においしい季節は秋なのですが、初鰹といって、脂の乗っていない春に食べるので、堅くて味が悪い。しかし、**ちょっと焼くだけで身が緩んで柔らかくなり、生臭さも取れる**のです。

その始まりは、オランダと交易をしていた頃に土佐にやって来たオランダ人が、魚をステーキのように焼いてみたらどうかと、つくったことだとか。

洗濯物が湿度の高い夏のほうが早く乾くのは？

雨ばかりでジメジメした梅雨の季節は、洗濯物が乾かなくて大弱り。家中に、洗濯物がぶら下がることも珍しくありません。

しかし夏になると、いくら湿度が高くても数時間もあればパリッと乾いてしまいます。冬はどうかと言えば、太平洋側は晴天が続き、異常乾燥注意報が出ることもしばしば。それでも、夏より乾く時間はかかります。

そのわけは、**大気中の水分許容量が、気温に比例して多くなる**ため。気温の高い真夏では、いくら湿度が高くても、大気中の水分許容量が多いので洗濯物の水分はどんどん蒸発していき、冬は気温が低くなればなるほど、許容量は減ってしまうのです。木枯しの吹く寒い戸外より、暖房のきいた温かい室内のほうが、乾きが早いのはこのためです。

ピッチャーの球が重い、軽いという意味は？

野球中継を見ていると、解説者が「……はコントロールはいいが、球が軽いのが弱点だ」とか「……の球は重くて、飛ばすのが難しい」などとよく言います。

同じスピードで投げていて、**ホームランの出やすいのを軽い球、出にくいのを重い球**と呼ぶのです。その違いは、主にボールの回転にあるようです。

つまり、ピッチャーの投げる直球にはバックスピンがかかっていて、これをバットの真ん中よりやや上で打つと、逆回転の速度がさらに増えます。バックスピンのかかっているボールは浮力を受けるので、飛ぶ距離も長くなります。

一方、回転がない球の場合は、バットの真ん中近くで打ってもスピンがかからないので、浮力もつかず、飛ぶ距離も短いまま。そればかりか、無回転の球がバットに当たった場合、へばりつくように変形してから反発するので、変形した分だけエネルギーが失われてしまうのです。

また、回転があっても、斜めの場合はバットの進行方向とずれるために、打球は切れて、球は伸びません。
この重い球、軽い球というのは、ピッチャーの体格と握り方に関係があるようで、両方の球を投げたいと思ってもそれは不可能なようです。

なぜ信号は世界共通、赤、黄、青なのか？

信号機の色は世界共通。どこへ行っても、「赤・黄・青」の三色が使われています。その理由は、**人間にとって一番識別しやすい色が赤、次が黄色で、その次が青だから**です。

光は、小さくなるにつれて色がわかりにくくなるものですが、赤はどんなに遠くても小さくても、ちゃんと赤に見えるのです。それに、目から入った光が、脳に伝わる速さも赤が一番速いのです。

最初に信号機が登場したのは一八六八年のこと。イギリスのウエストミンスターで用いられた赤と緑の二灯式のものでした。三灯式（三色式）は一九一八年にニューヨークに手動式のものが設置され、日本にも翌一九一九年に東京上野広小路の交差点に赤と青の板を利用した手動式のものが登場しています。

富士山に川がないのはなぜ?

富士山には年間約二〇億立方メートルの降水量があります。しかし、雪をたたえる山腹を思い浮かべてみても川は見当たりません。

現在の富士山は、今から約一〇万年前に出現した古富士の上にできたもの。約一万年前から始まった大噴火によって溶岩が流れ出し、その上に火山灰や火山礫《れき》などの噴出物が堆積し、さらにまた、溶岩流が覆い、火山灰が堆積してという具合に溶岩層、火山噴出物層が次々に重なり合いながら、どんどん成長して現在の姿になったのです。

こうした**火山性の土は粗いため、山腹に降った雨は、すべて山体の中にしみ込んでしまいます**。地下水として約三〇〇〇メートル流れた水が、はじめて地上に姿を現わす場所は白糸の滝。滝口のある海抜五〇〇メートル付近が、古富士と新富士の地層の境。古富士の地層には水がしみ込みにくいので、断層部分で地下水が川となって現われるのです。

川ばかりでなく、その水は富士五湖に流れ込んだり、各地に湧き水となって、あちこちに姿を現わします。

ウォッカや焼酎は絶対に凍らない？

夏はビールのおいしい季節。猛暑になればなるほど売上げもウナギ登りだとか。でも、たまには冷凍庫で凍らせた凍結酒を飲むのもおつなもの。凍った酒をザクザクと箸でつつきながら飲むと、日本酒の甘ったるさも気になりません。

グラスに焼酎を入れてそのまま冷凍庫に入れておけば、とびきり冷たい焼酎のでき上がり。こちらは凍ることはないので、あくまでも冷たさを楽しむのです。

このように、同じ酒でも凍るものと凍らないものがあるのは、エチルアルコールをどれだけ含んでいるかの違い。エチルアルコールの氷点は、マイナス一一四・五度。

水とエチルアルコールの混合物である酒は、**アルコールが多ければ多いほど、低温にならないと凍らない性質がある**のです。

ちなみに、一般にワインのアルコール分は一〇～一四パーセント、日本酒一四～一六パーセント、焼酎二五～四五パーセント、ウイスキー三五～五四パーセント、ウォッカ四〇パーセント以上。

家庭用冷凍庫で凍るのは、ビール、ワイン、日本酒止まりということになります。自動車のラジエーターなどに使われる不凍液は、まさに、このアルコールを加えた水が凍りにくいという性質を利用したものです。

赤外線は赤くない?

赤外線と言えば、コタツやストーブに使われている赤い光を思い出します。スイッチを入れた途端にパッと赤くなり、いかにも暖かそう。近くで当たっていると、熱いくらいです。ところが、この赤外線、本当は赤くありません。人間の目に見える光の中で、一番波長の長いのが赤色光。これよりさらに波長が長く、マイクロウェーブより波長の短い電磁波を、赤外線と呼ぶのです。

つまり、**赤外線は赤色光よりも外側にある波なので、人間の目には見えない**のですが、「赤い光は暖か」と感じる心理的効果で、わざわざ色がつけられているのです。

波長が長くて透過性が大きい赤外線は、熱線とも呼ばれているように、皮膚の深部に達して、熱運動を起こさせる働きがあります。太陽光線が暖かく感じられるのも、この赤外線を含んでいるからで、これを応用したのが赤外線コタツやストーブというわけです。

ジャガイモをリンゴと一緒に置いておくと芽が出にくい？

「ジャガイモの芽には毒がある」とはよく聞く話。これは、ソラニンというアルカロイドが入っているからで、ソラニンは、人間の消化器や神経系に異常を起こし、死ぬこともあるほどの猛毒物質です。

とはいえ、芽だけ取り除いてしまえば、あとは食べても問題はなく、多少食べた程度で影響が出ることはありません。

ところで、このジャガイモの芽を出さない方法があるのをご存知ですか。それは、リンゴと一緒に置いておくこと。

掘ったばかりの新ジャガの芽は「休眠」と言ってまだ眠っている状態で、三か月を過ぎる頃から発芽を始めます。休眠を過ぎてからリンゴと一緒に置くと芽の成長が抑えられるのです。

ただし、休眠中にリンゴと一緒にすると、芽の成長は逆に促進されてしまいます。

これは、**リンゴから発生するエチレンガスによる**もの。その正体は果物の出すあの甘い香りなのです。果物ならみんな出しているのですが、リンゴは特にそれが強いのです。リンゴ一個が出すエチレンガスで、なんと約一〇キロのジャガイモの芽の成長を抑えられます。

なお、放射線を当ててジャガイモの芽を出させないようにしていることも多いようですが、こちらのほうは、あまりおいしいとは言えないようです。

ラムネのビー玉はどうやってビンに入れるの？

現在は、プラスチック製のものが主流となったラムネのボトル。でも確かに昔ながらのあの形は不思議。いろいろな飲み物が出回っても人気が衰えないのは、あの形のせいではないでしょうか。

さて、ビー玉を入れるしかけですが、これは意外に簡単。ラムネビンの口は、もともとビー玉が入る大きさになっていて、ビー玉を入れてから加熱して口を細く絞るのです。

では、ビー玉の栓はどうやってするのでしょうか。

これも実に簡単。ラムネは、酒石酸《しゅせきさん》と重曹、砂糖を混ぜて水を加えて溶かしたもの。**水を加えたときにたくさんの二酸化炭素のガスが発生しますから、この圧力を利用する**のです。

つまり、ビンに最初に酒石酸などを入れておき、水を加えたら手早くビンを逆さにする。すると、ビー玉がゴムのパッキンのところへ強く押し込まれるというわけです。

タバコの煙は青いのに吐き出した煙が白いのはなぜ？

灰皿においてあるタバコの煙は、青紫色を帯びていますが、吐き出された煙は白っぽく見え、まるで違うもののようです。

吸う前のタバコの煙は、葉が燃えるときに出る不完全燃焼物や、不燃物のきわめて細かい微粒子からできています。**それに光が当たると、可視光の波長より小さいため、空と同じように青色光が強く散乱されて青っぽく見える**のです。

吐き出された煙のほうは、体中の水蒸気が煙の微粒子を核として固まって水滴となっているので、**雲と同じ原理で光を受けたときに白く見える**のです。

もちろん、中の成分も、吸われたときに体内に残るものもありますから、変わっています。

我慢したオナラはどこへ消えるの？

ゲップは、食べ物とともに胃に入った空気や炭酸飲料の二酸化炭素が口に逆戻りして出るもの。

オナラの七〇パーセントも、口から飲み込んだ空気。残りの一〇パーセントが腸で食べ物が分解されるときにできるガスで、二〇パーセントは、血液の中に溶け込んでいるガスが腸にしみ出したものです。

アメリカ航空宇宙局（ＮＡＳＡ）の研究によると、オナラには約四〇〇種類のガスが混じっているということです。主な成分は、窒素が六〇〜七〇パーセントで、そのほか、水素、二酸化炭素、メタンガス、酸素、アンモニアなど。

それでは、我慢したオナラはどうなるかと言うと、**もう一度、腸の壁を通って血液の中に入っていきます**。大半は空気なので心配はいりませんが、あまり我慢しているのは、やはり体に毒。な

にしろ、一日に五〇〇ミリリットルも出るのですから。なお、出そうなときに、いったんお腹の力を緩めると、あまり大きな音にならないそうです。

お腹の中の赤ちゃんは、どうやって呼吸しているの？

妊娠しておよそ九か月の間、赤ちゃんは母親のお腹の中ですくすくと育っています。その成長ぶりは素晴らしく、妊娠三週目には脳と心臓が発育し始め、五週目には手足が、六週目には目や内臓が形づくられ、九週目には、まだ三センチほどですが、人間らしい姿になるのです。

それからも日に日に大きくなりますが、その栄養分はすべて母親からもらいます。

母親が食べたり飲んだりしてとった栄養分は、血液に含まれて全身に回っていき、その一部が、赤ちゃんを包む胎盤へと送られるのです。

しかし、母親の血液がそのまま赤ちゃんの体に入るわけではありません。臓器移植で免疫反応が起こるように、もし、胎児の血液と母親の血液が直接触れたら大変なことになります。

だから、母親の血液から栄養分だけが取り出されて、胎盤からへその緒を通って、赤ちゃんの体へと運ばれていきます。

また、**赤ちゃんは呼吸することもできませんから、栄養とともに酸素も母親の血液からもらい、老廃物を母親の血液に返します。**

こうした役割を一手に引き受けている胎盤は、胎児のためにタンパク質や酵素、ホルモンをつくったり、妊娠を維持するためのホルモンをつくったり、胎児の血圧の調節、出産のタイミングの調節までするという優秀な臓器なのです。

ちなみに、母親の血液は、胎盤につながる子宮動脈を通って螺線《らせん》動脈へと流れ、胎盤の外側にある無数に枝分かれした絨毛《じゅうもう》の間に勢いよく広がっていきます。絨毛の表面積は一〇～一四平方メートルという広大なもの。

この表面の細胞によって、母親の血液との物資交換やガス交換が行なわれるという仕組みです。

オーロラはなぜ南極と北極にしかないのか？

最近は、「オーロラを見るツアー」などが企画されて人気を呼んでいるようです。なんと言っても、極付近に行かないと見られない貴重なもの。自然の神秘を十分に満喫させてくれることでしょう。

オーロラは、よく晴れた夜、空のかなたに美しく現われます。ちょうど、黄緑やくすんだ赤のカーテンが風に揺れるように、光のひだが揺れ動くのです。

北海道の北部でもたまに見られることがありますが、アラスカ、カナダ、グリーンランド南部、スカンジナビア北部など北極を取り囲んだ地域では珍しくない現象です。

地球は北と南に磁極を持つ大きな磁石です。

太陽からはさまざまな電気を帯びた微粒子が放射されていますが、こうした微粒子**が地球付近に近づいてくると、磁力線のあるところで曲げられ、磁力線の集まる磁極へと導かれていく**のです。そして、**電気を帯びた微粒子は、大気中の酸素や窒素の原**

子や分子にぶつかって、さまざまな色に発光し、オーロラが見えるというわけです。

地表から九六〇キロ、つまり電離層付近では青く明るい幕状のオーロラができ、そこから二八〇キロまでの間では赤色、さらに八〇キロまでの間は黄色のオーロラとなるのです。

太陽の黒点活動は一一年ごとに活発になりますが、オーロラもそれに合わせてたくさん見ることができます。このときは、太陽から電気を帯びた微粒子が大量に飛んでくるからです。

「血の気が引く」とき毛細血管の中はどうなっているのか？

血液に酸素や栄養分を体の隅々に送る働きがあるのはご存知の通り。

送られると一口に言っても、そのメカニズムは複雑。血液は、大動脈から、動脈、細動脈、毛細血管へと流れていきます。

それぞれの血管の壁はしだいに薄くなり、毛細血管は内側の内皮細胞が直接外部に触れるまでに薄くなります。

気体には濃度の高い部分から低い部分へ移動していく性質がありますが、この薄い内皮細胞を通して酸素と二酸化炭素の交換が行なわれるのです。つまり、血液中の酸素は内皮細胞を通して酸素の足りなくなった体内に取り込まれ、体内に溜まった二酸化炭素は血液の中に溶け込んでくるのです。

また、動脈に近い毛細血管では、血管内の血圧と、血管外の体液が持つ圧力の差によって、血漿《けっしょう》に溶け込んだ栄養分がにじみ出て周りの細胞に吸収されます。

ところで、臓器によって必要とする栄養分は違いますが、それはどうするのでしょう。心配はいりません。毛細血管の内皮細胞の表面には、それに合わせられるように、特定の栄養分だけをより分けて通す道もあるのです。

毛細血管には、こうした物質交換機能以外に、重要な役目があります。

それは、体温調節。暑いときに顔が火照るのはこのためで、毛細血管が拡張して血流量を増やして、血液中の余分な熱を皮膚から外へ追い出しているのです。

逆に**寒いときは、血流量を減らしたり、まったく流さないで、細動脈から直接細静脈へ流す方法も取られたりしています。**「血の気が引く」のはこういうときです。

骨はカルシウムの貯蔵庫？

牛乳、小魚、海藻、どれもカルシウムを多く含んだ食品ばかり。歯や骨を丈夫にするにはカルシウムが欠かせません。事実、骨の成分は、水約二一パーセント、有機物二七パーセント、**リン酸カルシウムなどを主体とする無機物が約五二パーセントで、カルシウムがかなりの割合を占めています。**

カルシウムは、骨に必要なだけではありません。心臓や脳、筋肉の働き、ホルモンの分泌にも関係していて、もし足りなくなると、筋肉が痙攣《けいれん》したり、脳の働きが鈍ったり、心臓が止まってしまうことさえある、大切なもの。

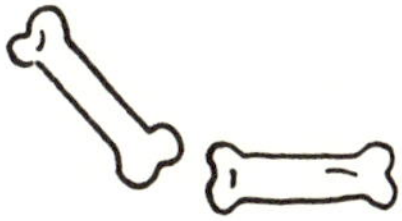

そうならないために、体はいつも骨の中にカルシウムを蓄えています。そして必要に応じて取り出しては使っているというわけです。

でも、蓄えがあるからといって油断は禁物。カルシウムを使い過ぎれば貯金がなくなり、骨は細くなってしまいます。

骨は毎日つくり替えられている!?

骨格というのは変わらないもののように思いますが、決してそうではありません。宇宙飛行士が、無重力状態の中で過ごしていたら、骨の中のカルシウム分が失われて細くなったという話は有名です。これは、一気圧という重力の刺激を受けていないと、骨が正常ではいられないためです。

病気で一か月も寝込んで、足が細くなったというのも同じこと。骨は使わないと、どんどん細くなってしまいます。

なぜそうなるかと言えば、**骨が毎日つくり替えられている**ため。そのメカニズムは絶妙で、破骨細胞が古い骨を壊して吸収し始めると、骨の中から新しい骨をつくらせようとする物質が出てきます。それに引き寄せられて、骨の赤ちゃんの細胞が現われ、破骨細胞が吸収を終えて消滅すると同時に、その場所で骨芽細胞となって骨をつくり始めるのです。

ですから、「工事中につき通行止め」ということは決してありません。

健康な場合は、これが繰り返されるわけですが、先の例のように骨がうまくつくられない場合には、骨が痩せてしまうのです。

逆にカルシウムを多くとったり、適度な運動で刺激すれば、新しい骨がつくられ、いつまでも丈夫な骨を保ち続けられます。

鼻が詰まると味を感じなくなるのはなぜ？

カゼを引いて鼻が詰まるのは、うっとうしいもの。絶えず鼻をかまなくてはならないし、寝れば息ができない。おまけに、何を食べてもおいしくないのです。

こんなとき、食べ物は、口で味わっているだけではないことがよくわかります。

実際、舌で感じるのは、甘い、塩辛い、苦い、酸っぱいという基本的な四つの味だけです。

食べ物独自の味わいを感じるのは、食べている間に、匂いが鼻に入ることが大きいのです。

試しに、目をつぶって、鼻をつまんでから同じ大きさに切ったリンゴとジャガイモを交互に食べてみてください。

どちらを食べているか、わかりにくいものです。

当たり前すぎて気づかないことですが、食べるということは、目で見て、口で味わって、匂いを楽しむ行為だったのです。

マラソンも得意な短距離選手はなぜ出てこない?

「運動はまるでダメ」「短距離は得意だが長距離はどうも」「マラソンなら任せて」というように、人によって運動能力は違います。こうした個人差は、筋肉の中身の違いからくるもの。

筋肉は、速筋線維、中間筋線維、遅筋線維という三種類の筋線維が混じり合ってできています。速筋線維は、収縮の速度が速く、大きな力を出すことができるので、短距離、砲丸投げ、相撲などに向いています。

一方、遅筋線維は収縮度が遅く、力も大きく出せません。しかし、持久力に優れているので、マラソンや遠泳向き。

この速筋線維と遅筋線維は、生まれながらにして持っている割合が決まっていて、それが運動能力の個人差となって現われるのです。

老化によって衰えるのは主に速筋線維で、遅筋線維は鍛えておけば、あまり衰えません。中高年からの山登りやウォーキングがはやっていますが、すべて遅筋線維を使った運動ばかり。その頑張りは、楽をして育った若者には負けません。

腎臓で濾過《ろか》される水の量は一日にドラム缶一本分!?

人間は一日にどのくらい尿を出していると思いますか。答えは、平均で一・五リットル。しかし、腎臓ではその一二〇倍もの水が濾過されています。つまり、**一八〇リットル、なんとドラム缶一本分の量**です。

腎臓で濾過された水は、九九パーセント再利用されています。水分だけでなく、糖、

塩分、ナトリウム、カルシウム、ビタミン、アミノ酸なども同様です。

五分ごとに約五〇〇ミリリットルのペースで処理された水分は、体内を一巡りして再び腎臓に送られてきます。この循環は一日に七～八回繰り返されるのです。

人間の体重の六〇パーセントが水分。それも濃度〇・九パーセントという薄い塩水です。余分な塩分や水を体から排泄し、酸やアルカリ度を調節し、体内のあらゆる細胞が快適に過ごせるように綿密にコントロールする、それが腎臓なのです。

体温を下げるとカゼは治りにくい？

カゼのとき、アスピリンを飲んで熱を下げようとします。

しかし、むやみに熱を下げればいいというわけでもないようです。

アメリカのM・クルーガー博士は、動物を使ったこんな発熱の研究をしています。サバクイグアナというトカゲに病原菌を注射して病気にしたところ、飼育場の温度の高いところへ移動して自らの体温を上げようとしたのです。爬虫類は変温動物で、環境に合わせて体温が変わる性質があるからです。このサバクイグアナに解熱剤を与えて体温を下げたところ半分が病死してしまいました。ところが、解熱剤を与えなかったほうは、一匹死んだだけで、あとは助かったのです。

魚でも同じような結果が得られましたし、ウサギ、子ブタ、子イヌなどの哺乳類でも解熱剤を与えたほうが死亡率は高かったのです。つまり、薬も飲まずに野生の動物の病気が治るのは、発熱のお蔭というわけです。

人間に、これがすべて当てはまるとは言えませんが、戦前にマラリヤや丹毒《たんどく》で熱が出て、その後病気が治ると、他の病気まで治っていたという例がありました。これなどは、熱でバイ菌が死んだためでしょう。

そもそも、**発熱するのは、侵入した病原菌を白血球やリンパ球がやっつけようとするため。**

エネルギーがふだんよりもたくさんいるので、代謝機能が活発になり体全体の熱が上がるために起こるもの。多少の危険はあるけれども、敵をやっつけるための体の機能が一丸となって戦っているわけです。

したがって、もともと心臓が弱い人や肺の働きの悪い人は別として、安易に解熱剤を飲むことは、かえってカゼを治りにくくしているのかもしれません。

泣くと涙や鼻水が出るのはなぜ?

焚火の煙に巻かれたり、強い北風に当たったり、玉ネギの皮をむいたりすると涙が出ます。

これは、目を刺激するものを洗い出そうと、涙の量が増えるため。

ふだんでも涙は、目を乾かさないように流れています。でも、目の内側にある涙道から鼻へ流れる量が少ないので見えません。

しかし、**涙の量が増えると、涙道では処理し切れずに目からあふれ出てくるのです。**

もちろん、涙道からも洪水となって鼻腔《びこう》へ流れます。これが鼻水です。

ところで、生まれてから数か月の間、赤ちゃんは涙を流しません。感情的に流す涙は、自分の気持ちを伝えるのに効果的だと学習して、はじめて出るものだからです。女性が男性よりよく涙が出るのも、この学習をした結果なのです。

なお、欠伸《あくび》をしても涙が出ますが、これは顔の筋肉が動かされることで、涙道に流れる前に溜めておく涙嚢《るいのう》という袋が圧迫されるため。だから、何回も欠伸をしていると涙は出なくなります。

欠伸をすると目が覚める？

眠くなると、しきりに欠伸が出ます。

ひなたぼっこで出るぶんには、いくらしてもかまいませんが、会議の席や人前となると、なんとかこらえようと必死です。

欠伸は、自然に出る深呼吸。脳の酸素が不足してきたので、それを補おうとする生理現象です。

脳は、他の器官に比べて酸素を大量に必要とするところで、呼吸によって取り入れられた酸素の二〇～二五パーセントを消費しています。だから、酸素が不足してくると、強制的に欠伸をして、酸素を取り入れようとするのです。

それにしても、欠伸をすると、一時的に目が覚めるのはどうしてでしょう。

これは、**大きく口を開けると、ものを噛むときに使われる咬筋《こうきん》が強く引き伸ばされ、大脳皮質に刺激が送られるため**。

したがって、欠伸をするなら、恥ずかしがらずに思い切って大きな口を開け、ついでに背筋を伸ばすと効果的で、気持ちがいいようです。

だから、運転中に眠くなったら、口を大きく開けたり閉じたりするだけでも、効果があります。

眠くなると目をこするのはなぜ？

眠くなると、よく欠伸が出ます。そして、目を盛んにしばたたかせたり、目をこすったりします。

大人はあまり大げさにやりませんが、子供たちは必ずやっています。

欠伸をするのは、疲労で酸素が不足してきたために、深呼吸をして酸素の補給をはかっているのです。

「早く寝て疲れを取ろう」という合図でもあります。

目をこするのは、眼球が乾燥してきたため。ふだんは、涙腺から出る涙が常に眼球を潤しているのですが、眠くなると涙腺の機能が低下して、涙の量が減ってしまうのです。

眠っている間は、ゴミも入らず、眼球も乾燥しないので、涙腺の活動はぐっと低下してしまいます。この機能の低下が、眠くなると同時に始まるのです。

つまり、眠くなると目をこするのは、涙腺を刺激して、涙の分泌を促し、眠気を取ろうとする科学的な行為だったのです。

体がけなげに送ってくれる合図、素直に受け止めたいものです。

真冬にじっとしていても一日三〇〇㏄も汗をかく!?

暑いときは汗が出ます。運動をしたときや、高熱が出たときにも汗が出ます。汗が出るのはそればかりではありません。「冷や汗」や「あぶら汗」もかけば、「手に汗握る」こともあります。いわゆる精神性発汗というものです。

汗は体温の調節のために出るもの。汗が出て蒸発するときに、皮膚の熱を奪っていくという仕組みなのです。汗の出るエクリン腺という汗腺は全身に分布していて、その数二三〇万。手のひらに一番多く一平方センチ当たり約三〇〇個、少ない部分は背中と胸で一平方センチ当たり約一〇〇個となっています。**普通じっとしていて汗をかかないようなときでも、大人で一日に約三〇〇㏄もの汗が出ている**のです。

ところで、精神性発汗は、これとは違う場所から出ます。つまり、アポクリン腺と言って、脇の下や乳首、へその周辺、外陰部などにある汗腺なのです。哺乳類の大部分は、このアポクリン腺だけを持っています。

アポクリン腺は汗をかくというよりも、動物の種類ごとに独特な体臭を出すところ。

なお、馬や牛はこのアポクリン腺から、体温を下げるために汗をかきます。

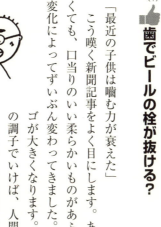

歯でビールの栓が抜ける？

「最近の子供は噛む力が衰えた」

こう嘆く新聞記事をよく目にします。あえて堅いスルメや干物、せんべいを食べなくても、口当りのいい柔らかいものがあふれているからです。人間の顔は、食べ物の変化によってずいぶん変わってきました。原始人の顔は、さかのぼればのぼるほどアゴが大きくなります。それだけ堅い物を食べていた証拠です。今の調子でいけば、人間の顔はまだまだ変化していきそうです。

とはいえ、まだアゴの力も捨てたものではありません。クルミを割ったり、ビールの栓を歯で抜くなんていう特技を持っている人もいるようです。

正常な人の歯の固さは、エナメル質で、長石か水晶ぐらい。エ

イッと噛んだときの奥歯の力は、五〇～六〇キロにもなるのです。

赤ちゃんは、歯が生えるにしたがって、噛み方を学んでいきます。だから、生まれ立てでまだアゴの筋肉が発達していないときは、顔の筋肉を使って乳を吸うのです。

睡眠中の脳は起きているときより二割も血の巡りがいい!?

睡眠は、体の疲れを取って、明日の英気を養うもの。だから、徹夜に備えて前もって寝だめをしておいても、寝疲れを起こし、かえって体はだるくなるばかり。

体は、横になっているだけでも疲れはかなり取れるもの。しかし、脳は眠らなければ疲れが取れません。つまり、起きている間に消耗した脳内物質の補給や、疲労物質を取り除くための代謝を行なうことが、睡眠の主な目的だと言えそうです。

その証拠に、**睡眠中の脳の内部では、疲れを取るためのタンパク質の代謝が盛んに行なわれていて、脳の血液の流れは、起きているときよりも二〇パーセントも増えている**のです。

第7章

目をつぶると、どうして真っすぐ歩けないの？

【森羅万象あれやこれやの面白】雑学

ミカンの皮で油性ペンの汚れが取れる?

かつてのニューヨークの地下鉄は落書きだらけ。消しても消してもすぐに書かれてしまっていたとか。あれを消すのは大変だろうと同情してしまうほどです。

この落書き消しに使われているのが、オレンジの皮から採った油。アメリカではオレンジやグレープフルーツがとても安く手に入るので、これは安上がりのアイデアです。

オレンジの汚れ落としはアメリカで広く使われていますが、日本でも商品が出回っています。

レモンやオレンジ、ミカンの皮には、テルペン系の油分が含まれています。炎のわきでミカンの皮をつぶすと、油が飛んでパチパチと火花が飛ぶ、その成分です。

油性の汚れ落としに古くから使われてきたのはテレピン油という油です。これは松ヤニに水を加えて加熱し、水蒸気と一緒に蒸留されてくる油分を集めたもので、成分は、テルペン系の炭酸水素です。

両者は、溶剤としての性質がよく似ているのです。

油性ペンの汚れがあったら、ミカンやオレンジの皮でギュッギュッとこすってみてください。驚くほど、きれいに取れるはずです。

セルロイドは植物製品?

「青い目をしたお人形は、アメリカ生まれのセルロイド」

今でこそすたれてしまったセルロイドも、この歌がはやった、大正から昭和初期にかけては全盛でした。

セルロイドは加工しやすく安く手に入ったので、おもちゃをはじめ、洗面器、文房具、映画のフィルム、電車の吊り皮にまで使われたのです。

セルロイドは、プラスチック、つまり合成樹脂の第一号とも言うべきもので、原料は植物。**植物のセルロースを、硝酸と硫酸、樟脳《しょうのう》を混ぜて、エーテルとアルコールで**

練ってつくられたものです。

お湯で温めるとすぐ柔らかくなり、冷めれば弾力のあるプラスチックになり、透明にすることもできるし、色もつけやすいといったさまざまな利点がありました。

しかし、非常に火がつきやすく、いったん火がつくと火薬のように激しく燃えるのが欠点。

そのため火事、火傷などの事故を引き起こしたのです。

そこで、アセテートと言われる酢酸セルロース、石炭酸とホルマリンを結びつけたベークライトなど、新しいプラスチックが次々に開発されていきました。

現在では、塩化ビニール、ポリエチレン、ポリプロピレン、メラミン樹脂、アクリル樹脂など、さまざまなプラスチックが石炭、石油、天然ガスを原料としてつくられ、生活のあらゆるところで使われるようになりました。

しかし、それも過剰になって、今やプラスチック公害が大問題。なかなか、すべての条件を満たす製品はできないものです。今度は土に戻るプラスチックの開発が進んでいます。

栄華を極めたセルロイドも、今やめったに見かけることがなくなりました。

ガラスは液体の仲間？

ガラスは遠い昔、古代エジプトで発明されたと言います。今でこそ、ガラス玉は見向きもされませんが、当時のエジプトでは人造宝石として珍重されていました。

ところで、ガラスが液体だということをご存知ですか。**物理学的には、粘り気が大変強く、流動しなくなった液体**なのです。

固体というのは、ダイヤモンドとか塩のように、幾何学的な結晶からできているもの。しかし、ガラスには結晶がなく、内部の分子がでたらめに配列しています。

また、固体、つまり結晶物質には、ある一定の温度に熱すると、サッと溶けて液体に変わる性質があります。しかし、ガラスには溶融点がなく、加熱していくとだんだん柔らかくなり、温度が上昇するにつれて、サラサラとした液体になるのです。

ガラスのこうした性質を利用して、空気を吹き込んでビンをつくったり、型に入れて鉢をつくったり、広く利用されています。

フロントガラスが割れると粉々になるのはなぜ?

ガラスと言ってもその種類はさまざま。窓ガラスに使われているのはソーダガラスと言って、アルカリ分に炭酸ナトリウム(ソーダ灰)が入れてあります。家庭でよく使うコップもこの種類で、熱湯を入れるとひずみができて割れてしまいます。

カリウムを入れたカリガラスは、少し丈夫で固いため、実験室のビーカーやフラスコに使われています。

鉛が入った鉛ガラスは、光の屈折率が高くなり、表面の反射率も高くなるので美しく見えます。これは、電球、メガネ、美術品やアクセサリー向き。

このほか、強化ガラスがあります。板ガラスを加熱して空気を吹きつけてやると、ガラスの表面は急に冷やされて、表面には圧力が働き、内部には引っ張る力のかかったガラスになります。強度は普通の板ガラスの約一〇倍もあり、自動車のフロントガラスやビルの窓ガラスに使われています。**強化ガラスは強いのですが、もし表面に傷がつけば力のバランスが崩れて、細かくヒビが入ったり、粉々に割れたりしてしまいます。**ただし、破片は強くないので、普通のガラスより安全です。

なお、フロントガラスだけヒビの入りにくい強化ガラスにしたり、ガラスとガラスの間に、透明な合成樹脂を接着剤とともに挟んで、安全度を高めたりしています。

電子レンジでパンを温めると固くなるのはなぜ？

電子レンジで冷凍しておいたパンを解凍すると、とても柔らかくなってまるで焼き立てのよう。しかし、しばらくすると固く縮んで歯が立ちません。

これは**加熱のときに水の分子が勢いよく動き回って組織から抜けてしまうためと、蒸発が盛んなため**に起こること。

パンは、冷凍のままトースターで焼いたほうがいいようです。

電子レンジが力を発揮するのは、火の通りにくい厚みのある肉や魚を調理するときや、ロールキャベツに使うキャベツの葉を茹でるとき、紙箱に入ったままのシュウマイや肉まんを温めるときなど。

また、乾物の戻しや下茹では電子レンジでして、あとはガスでじっくり煮込むというように二つの調理器具を併用する使い方もあります。上手に使いこなせれば、料理もスピードアップ。ゆとりも生まれます。

ナイアガラの滝が消滅する?

カナダとアメリカの国境、五大湖にあるナイアガラの滝は壮大な景観で、世界中から来る観光客でにぎわっています。

滝は二つに分かれていて、アメリカ滝は幅三〇五メートル、落差五一メートル。カナダ滝のほうがスケールは大きく、幅九〇〇メートル、落差四八メートル。いずれも、滅多にお目にかかれない壮大なもの。

ところが、この滝がいずれは消滅してしまうと言うのですから、どうにも信じられません。

そもそも、この滝ができたのは、そう古くはないこと。今から一万年前の第四紀氷河期時代、シカゴからグリーンランドまでの広い地域は大陸氷河で覆われていました。やがて氷河時代の末期に、大氷河はずっと北まで後退してしまい、五大湖の水系を変えてしまったのです。そして、氷河の激しい浸食によってできた険しい断崖の上に滝が形成されていきました。

さらに、何世紀もの間に崖は削られながら後退して、現在の形になったのはほんの六〇〇〇年前のこと。つまり、現在の滝の姿も、後退した結果というわけです。一九三一年には長さ四五メートル、高さ一五メートルもの崖が崩れたこともあります。

断崖を勢いよく落ちる滝は、水力発電に利用されているほどのエネルギーがあるわけで、基部をどんどん浸食していきます。そのため、ひさしのようになった崖が年平均一・五メートルも後退し続けてきたのです。

このままいくと、滝は消滅してしまいます。と言っても、完全になくなるのは推定で二万五〇〇〇年先と言われていますが。

いずれにしても、貴重な水力発電の源として守っていきたい。そこで、カナダとアメリカが一九五〇年に協定を結び、水量を上流でコントロールしたために、現在は浸食がかなり抑えられています。

目をつぶると、どうして真っすぐ歩けないの？

目隠しをしてやるスイカ割りは、どうしても真っすぐに進まないので、なかなか目標にたどり着けません。

これは人間の体を中心線で分けたとき、左右がまったく同じにはできていないため。たとえば心臓は中心線よりも左にありますし、肝臓は右にあります。また、手足の長さや太さも左右違います。右足と左足の大きさが違って、靴を買うときに困るなんていう話を人から聞いたことがありませんか。

左右が対称でないということは、左右の重さも違います。また、利き足のほうが踏み込み方が強くなりますから、そのためにも真っすぐに歩けないのです。

ふだんは、無意識のうちに周りを見ながら方向を修正しているのです。

火事場の馬鹿力は科学的に証明できる？

昔から火事場の馬鹿力と言いますが、今では消防隊が駆けつけて、手際よく消火に当たってくれるので、あまり発揮されることはないようです。しかし、火事の多かった江戸の町では、あちこちで馬鹿力を自慢し合う人がいたのではないでしょうか。

人間の筋肉は、一定以上に力を出せないようにコントロールされています。平常使われている筋肉は、全体の五〇～六〇パーセント。

ところが、**火事や地震などに直面すると、精神的興奮のために脳のコントロールが利かなくなるために、思いがけない力を発揮する**のです。つまり、力持ちでなくても、この力は誰でも出せる可能性はあるのです。

なお、物を持つときに「よいしょ」「えいやー」などのかけ声をかけますが、これも効果的。

何も言わないときより、二～三割余計に力が出ます。

針葉樹の枝が、てっぺんの一本しか上に伸びないわけは？

クリスマスになくてはならないのがクリスマスツリー。そのツリーに飾りつけをするのも、子供たちの楽しみの一つです。一番上には特大の星を飾るのがお決まりですが、それにふさわしいかのように、もみの木のてっぺんには枝が一本しかありません。二本という木があってもよさそうですが、なぜかありません。

そのわけははっきりわかっていませんが、樹型ホルモンによるものらしいのです。**頂上の一本の枝からは、他の枝が垂直に伸びるのを抑える樹型ホルモンが出ていて、他の枝は斜めに生えることしかできません。**

頂上の枝を切り取ってしまうと、他の枝が垂直に伸びますが、その中で一番早く垂直になった枝が、また同じ樹型ホルモンを分泌して、他の枝が垂直に伸びるのを抑えてしまいます。これは実際に試したそうですが、何度試みても同じ結果になったと言います。

このほかにも、それぞれの枝から次の枝の形を決める樹型ホルモンが分泌されているので、自然状態では一本の樹木の形はひとりでに繰り返されるのだろうと考えられています。

豆腐はどうして腐った豆と書くのか？

腐らせた豆と言うと、納豆のほうがそれにふさわしい名前のようですが、**腐るという漢字には、ぶよぶよと柔らかいという意味があり、豆腐とは、そこから来ている名前**なのです。

ところで、豆腐のつくり方をご存知ですか。意外に簡単につくれるものです。

まず、大豆を三倍の水に一晩浸しておき、柔らかくなった豆をたっぷりの水と一緒に、二分くらいミキサーにかけます。

そして、前の晩に浸しておいた水を煮立てて、砕いた大豆を入れて一五分ほど煮ます。この煮汁を木綿の袋に入れて、きつく絞って濾《こ》すと、おからと豆乳ができ上がります。

次に、デパートなどで売っている凝固剤を、豆乳の一パーセントくらい用意。豆乳を鍋で七〇度くらいに温めたところへ凝固剤の半量を入れて静かにかき混ぜ、八〇度くらいになったら残りを入れます。

しだいに固まってきますから、それをガーゼをひいた四角い容器に入れ、上から重しをするときれいに固まってきます。水の中で静かに取り出すと木綿豆腐のでき上がりです。

なお、容器に入れて重しをしないでおくとぼろぼろとした豆腐になります。これはおぼろ豆腐とかくみ豆腐と言って冷やして食べるとおいしいもの。今ではほとんどお目にかかりませんが、江戸時代には、この形でも食べていたそうです。

クマは冬眠中に出産する？

鳥は、ヒナがかえるとエサになる虫を捕っては巣に何度となく足を運びます。その数は数百回と言いますから、献身ぶりがうかがえます。

また、ペンギンのオスも極寒の中で、二か月も飲まず食わずで立ち続けて卵を温めます。本能とはいえ、親が子を守る気持ちは、人間以上に強いようです。

母グマも、その例に漏れません。**クマは、四～六月にかけて交尾を行ない、一月頃に出産。**

つまり、何も食べない冬眠（前述のように正確には冬ごもり）中に出産するというわけです。

出産する赤ん坊は二頭の場合が多く、ネズミくらいの大きさで、体重三〇〇グラムの未熟児。まだ形もしっかりしておらず、青っぽい毛に包まれています。四か月の冬ごもりの期間中、子グマは母グマの授乳だけで大きくなるのです。

だから、冬ごもりを終えた母グマはひどく痩せて、毛がだぶだぶにたるんでしまうほど。これも前述したように、出産しないクマでも体重が三分の二に減ってしまうほどですから、そのきつさは相当なものでしょう。

その代わり、子供たちは元気に走り回れるほどに成長しています。まさに、身を削っての子育てなのです。

なお、熱帯に棲むクマや、北極に棲むクマは冬ごもりする習性がないので、出産の仕方も違います。

虫が光に集まるのは、明るいところが好きだから？

「飛んで火に入《い》る夏の虫」と言われるように、虫は光に集まります。街路灯には、ガや甲虫、カメムシ、ウンカなどたくさんの虫が集まって、宴会でもしているようなにぎやかさです。

これは**走光性と言って、これらの虫が生まれながらにして持っている性質**。

虫は光が目に入ると、両方の目からいつも同じ角度の方向に光が見えるように飛んでいます。月の光などは常に左右の目に同じ強さで入ってくるので、真っすぐ飛ぶことができるのです。

ところが、至近距離にある電灯の光を両目に入れようとすると、その周りをグルグル回ることになってしまいます。

しかも、強い光を受けた反対側の羽のほうが強く動く性質もあるため、外側の羽が強く動いて回転の輪はますます小さくなり、電灯に吸い寄せられていくのです。

これらの虫は、人間の目には感じない紫外線によく反応する性質もあります。虫を捕まえるための誘蛾《ゆうが》灯《とう》は、これを利用したものです。

竹の花はなぜ凶兆の象徴とされるのか？

竹に花が咲くと言っても、そうそう見られるものではありません。なにしろ、十数年から何十年に一回という珍しいことなのですから。さらに、ある記録によると、マダケの開花周期は、実に一二〇年という驚くべき長期のものもあるのです。

しかし、「花が咲くと竹が枯れる」と言って、人々から喜ばれてはいません。その理由は、花が竹に悪い影響を与えているからなのでしょうか。

竹は、地下茎で繁殖する植物で、新しく伸びた地下茎から次々と新しい芽、タケノコを出して、それが新しい竹となって、一族ともに栄えていきます。

しかし、長年にわたって、一つの土地を占有していると、しだいに竹に必要な土地の中の栄養分が不足してきます。

植物の場合、落葉が土にかえることで、栄養分が還元されるわけですが、竹では、植物体に取り入れられたまま土に還元されない物質があるのです。このままでは、竹やぶ全体が一挙に枯れてしまいます。そこで、**種族維持の手段として種子を残すために花を咲かせる**のです。

つまり、「花が咲いたから枯れる」のではなく、「枯れるから花を咲かせる」というわけです。

竹の子分のような笹も、同様に老朽化してくると花を咲かせます。このときできる実はとても栄養があって、野ネズミの大好物。このため、笹の花が咲いた年は野ネズミが異常発生するそうです。

地球最初の海は塩酸だらけ？

海の水が塩辛いというのは、子供でも知っている当たり前のことですが、地球に海ができた最初からそうだったわけではありません。

もともと海は、火山から噴き出した炭酸ガスなどの中の水蒸気が、冷えて雨となり地面に溜まってできたもの。

この**噴火のときには塩酸ガスも大量に放出されて、水蒸気とともに雨に混じって海の成分になった**のです。つまり、地球最初の海は塩酸だらけだったというわけです。

塩酸の海は、岩石の中からカルシウム、ナトリウム、マグネシウムなどを溶かし出しました。

そして、塩酸とナトリウムが結合して塩になり、カルシウムは炭酸ガスと結合して石灰岩となって海底に沈み、マグネシウムは塩素と結合して塩化マグネシウム、つまりにがりとなり、現在の海と同じ成分ができ上がったのです。

現在、海の塩分の濃さは一部を除いて世界中どこへ行っても三・五パーセント。この濃度は、かなり昔にできたものなのです。

地球は猛スピードで自転しているのに、速さを感じないのはなぜ？

昔の人は、地平線の先は行き止まりで崖になっているとか、空には丸い天井があってそこに太陽や月、星がぶら下がっているなどと考えていました。すべて見たものから想像してのことです。

人間は見たものから判断したり、信じたりするもの。地球が猛スピードで自転している、この事実も頭ではわかっても体が納得しない現象の一つです。

とにかく、その速さといったら、日本においては時速およそ一三七〇キロ（秒速約三八〇メートル）、赤道に至ってはなんと時速一七〇〇キロにも及びます。これほど半端じゃないスピードなのに、毎日は静かに過ぎていくから不思議です。

理屈を言えば、**猛スピードでも振り落とされないのは、地球の引力のお蔭。**

そして、動いていることを実感できないのは、地球がそれだけ滑らかに動いているからなのです。

空《す》いている高速道路を走っているときに、横になって寝ていれば、動いていることを意識しないもの。それと原理は同じです。

スピードは、外の景色が飛んでいくのを眺めたり、風をビュンビュン受けたり、発進、加速、停止するときに体が揺れたりするときに感じるものです。

だから、もし地球が時々スピードを変えたり、止まったりすればよくわかるはずなのですが。理屈は呑み込めたとしても、時速一三七〇キロというこの速さは、やっぱり実感しないと考えにくいものです。

月が地球から遠ざかっているって本当?

「ウサギ、ウサギ何見て跳《はね》る、十五夜お月さん見て跳る」

暗い夜を照らしてくれる月明かりは、人間の生活と深いつながりを持ってきました。ギラギラ輝く太陽と違い、淡い光は人々を優しく包むようです。

そんな月も、宇宙規模で見ると驚かされることがいっぱい。

まず、四〇億年以上前には、月の見かけの大きさは今の二五倍もあったということ。その頃は、今よりずっと近い、地球から一万五〇〇〇キロ地点にいたためで、三〇時間で地球を一回りしていました。

それから、今では見られない月の裏側が、その昔は地球から見えていたということ。これは、自転や公転の周期が違っていたからで、現在月の裏側が見えないのは、月の自転と、月が地球の周りを回る公転の周期が約三〇日と同じためなのです。

そして、**月は今も一年に三・三センチずつ地球から離れている**ということ。だから、あと四〇億年もすると、月は今より一三万キロ先に行ってしまい、その周期も四〇日で地球を一回りすることになるのです。

なぜ、このようなことが起こるのかと言えば、潮汐《ちょうせき》力のせい。月の潮汐力が地球の海に働いて干満を起こすのと同じように、地球の潮汐力も月の岩石に働いて、岩石に熱を持たせ、自転にブレーキをかけるのです。月の自転と公転の周期が同じになってしまったのもこのため。

潮汐力は、ほかの天体でもいろいろな力を見せてくれ、たとえば、木星の潮汐力によって、木星の衛星イオの火山活動が引き起こされているのです。

人間には、永久不変に見える自然の姿も、なかなかどうして活発なようです。

北極と南極は、しょっちゅう入れ替わってきた!?

これは、地球がでんぐり返しをしたというものではなく、磁場のN極・S極が逆転してきたという話。

つまり、**地球はそれ自体が大きな磁石で、北極にS極が南極にN極が置かれていま**

すが、それが時代によって入れ替わってきたということです。

どうやってそれがわかったかと言えば、岩石の中に記録されていたのです。岩石に含まれている磁鉄鉱は、溶岩などで固まるときに、地球の磁場に合わせてきちんと並んでいます。古い岩石でそれを調べたら、その向きがしょっちゅう入れ替わっているのがわかったというわけ。

その岩石には約一億五〇〇〇万年前から今までの磁場の様子がきれいに記録されていました。

しかし、なぜそんなことが起こったのかは、残念ながらわかっていません。ところで、北極がS極だと説明しましたが、おやっと思われた方も多いはず。北極は当然、N極だと思っていませんか。

ところが、逆なのです。

なぜなら、磁石は同じ極同士が反発し合うという性質のもの。となれば、N極が指すのはS極で、それが北極なのです。

何やらややこしい話ですが、方角の北と南はずいぶん昔から決められていて、たまたまそうなってしまったというだけなのです。

人間が宇宙に放り出されたら血液が沸騰してしまう⁉

人間が宇宙へ飛び出していくときに問題になるのが、空気のないこと。息ができないというばかりでなく、空気の重さを考慮して体がつくられているという点です。

たとえば、空気の重さを筋肉が支え、心臓が働いているのに、無重量の宇宙空間ではその必要がなくなり、何もしなければ筋肉は衰えてしまいます。

なにしろ、人間は高い山に登るだけで酸素不足を起こし高山病にかかってしまうという弱い存在。

空気が地上の一六分の一に減ってしまう地上二〇キロ地点では、もう死ぬしかありません。

どういう状態になるかと言えば、**血液が体温より低い三五度で沸騰するようになるため、すぐに血液がグツグツ煮えたぎって、体内にガスが溜まり、体は膨れ上がります。**

これは、実際に人間が経験したことではありませんが、地上の真空室にイヌを入れて実験したところ、気の毒にもフグみたいに膨れて死んだとのこと。そんなわけで、宇宙飛行士の着ている服は、なんとも不恰好ではありますが、過酷な宇宙での必需品なのです。

なお、高い山でお湯を沸かすと、一〇〇度以下で沸騰しますから、試してみてください。

地上二〇〇キロの上空は気温が一〇〇〇度以上もある!?

避暑地と言えば、軽井沢、那須、霧ヶ峰などの高原が有名です。いずれも、高度の高いところばかり。

太陽からやって来るエネルギーの半分近くは地面が受けるため、地面に近いところほど暖か。

それで、高いところへ登れば登るほど寒くなり、一〇〇メートル上がるごとに〇・五～〇・六度の割で気温はどんどん下がっていきます。

と言っても、八八四八メートルのエベレストより少し高い、高度一〇キロ止まり。その高さまでは対流圏と言って、地面で暖められた空気が上に向かい、上で冷やされた空気が降りてくるという空気の対流が繰り返されます。

さらにその上は、成層圏と言って零下六〇度の世界。

それが、高度五〇キロあたりでは零度まで上がって、それから再び下がり、一〇〇キロ以上になるとぐんぐん上がり始め、一二〇キロでは一〇〇度近く、**高度二〇〇キロで七〇〇度、それ以上になると一〇〇〇度を超えてしまいます。**

これは、太陽から吹いてくる太陽風のためで、このあたりを熱圏と呼んでいます。

しかし、これはあくまでも大気の温度。

高度二〇〇キロの大気は地上のわずか五〇億分の一しかないのですから、ほとんど大気の熱さを感じることはありません。

ただし、太陽からの熱を直接受けるので太陽が当たるところは一〇〇度以上、日陰は零下一〇〇度以下という厳しい温度差が生じています。

パンダは何でも食べる？

パンダと言えば、笹や竹しか食べない珍獣というイメージがありますが、その食性は意外に幅広いということが中国の行なった調査によってわかっています。

アヤメ、リンドウ、サフランといった植物から、木になる果物、ナキウサギやノネズミを中心とした小型哺乳類、川で淡水魚を捕まえて食べていたという報告まであります。また、パンダの分布地に近い村などで、作物を盗み食いしたり、村のゴミ捨て場をあさったりもしているとか。

草食動物の場合、消化の悪い植物を食べるために腸は長いのが普通ですが、パンダの場合は、大腸も小腸も、肉食動物のものとほとんど変わりがありません。つまり、パンダはかつて肉食獣だったのではないかと言われています。

ちなみに、上野動物園のパンダの一日の食事は、次の通り。

「ニンジン二〇〇グラム、リンゴ二コ、卵一〇〇グラム、馬肉一〇〇グラム、牛乳一・二リットル、わら一キロ、孟宗竹はオス四本、メス二本、砂糖きび一キロ、米一五〇グラム、大豆粉一〇〇グラム、とうもろこし粉二〇〇グラム、塩、砂糖、押麦少々」

やはり、笹だけ食べているわけではなかったのです。それにしても、なんとバランスのとれた理想的食事。人間も顔負けです。

キリンはヒトの二倍もの高血圧症!?

キリンは首の長さでは、生物界のチャンピオン。身長五メートルのうち、頭から心臓までが二〜三メートルというのですから、改めてその長さに驚かされます。

人間の脳から心臓までが四〇センチ前後であるのと比べると、よほど心臓が強くなければ持たないでしょう。

事実その通りで、時速五〇キロのスピードで三〇分も逃げ回ることができる持久力の持ち主。そのため、心臓の壁は分厚く、大きさも一抱えもあるほど巨大です。

その心臓から、はるかに高い頭に血液を送るには、強い圧力が必要とされます。

J・V・バレンという医学者の研究によると、**キリンの心臓レベルでの血圧は、上が二〇〇〜三〇〇mmHg、下が一〇〇〜一七〇mmHg、平均値が二六〇／一六〇mmHg**。人間の平均血圧一二〇／八〇mmHgに比べると、かなりの高血圧、成人病間違いなしの数値です。

もっとも、このまま脳に行くわけではなく、頭に近づくにつれてだんだん下がり、脳に入るときには、他の動物とほぼ同じくらいに下がります。

それでは、水を飲むときなど、頭を下げるときはどうなるのでしょう。人間が逆立ちした場合は、頭に血が下がって、長い時間続けることはできません。

そうならないために、キリンの脳の下には血管のネットがあり、そのネットの中に血液を溜めて、急速に脳に血液が出入りしないようになっているのです。

ところで、心臓以外の血圧も当然高いわけですが、そちらのほうもうまくできていて、血管を体液がソフトにくるみ、その代わり皮膚が頑丈にできていて、内部の高圧に耐えられる仕組みになっています。

キリンの死体に、皮膚がいつまでもついていることからも、その頑丈さはわかります。

潮の吹き方だけでクジラの種類がわかる!?

クジラのトレードマークと言える潮吹き。背中から噴水のような水を吹き出している姿が、絵に描かれることも多いようです。

しかし、これは間違い。**潮吹きの正体は水蒸気の煙**なのです。

クジラは、三〇分〜一時間も潜り続けることができます。しかし、魚のように水の中で息をすることはできませんから、海面に浮かび上がってきた途端、ヒューッと鋭い音とともに、肺の中の空気を勢いよく吐き出し、胸いっぱいに新しい空気を吸い込むのです。

このとき、背中にある鼻の穴に溜まった海水と一緒に吐き出される高圧の空気が、冷えて霧のようになります。これが潮吹きの正体なのです。潮吹きは寒い地方ばかりでなく、暖かい地方の海でも見られます。

ところで、潮吹きの形はクジラの種類によって違います。捕鯨船の人たちは、それを覚えていて、クジラの種類を見分けたと言います。

二本の潮吹きはセミクジラ、鼻の穴が二つあるためです。鼻の穴が二つでも、潮吹きが一本なのはシロナガスクジラで大きく、ナガスクジラやイワシクジラは小さく吐き出します。

マッコウクジラの潮吹きは変わっていて、大きなのが左斜めにブワーッと一本出ます。鼻の穴が一本でS字状、頭の左先端にあるためです。

イルカやシャチも目立ちませんが、小さく真上に一本シュッと吹いています。

ホエール・ウォッチングで、ぜひ潮吹きの姿を見たいものです。

深海でもへっちゃらなマッコウクジラの体の仕組み

海の中は神秘の世界。陸地とは違う、不思議な魅力があります。そんな海の人気が高まり、たくさんの人がスキューバ・ダイビングを楽しむようになりました。しかし、それとともに潜水病などで、死亡する人も増えています。

気体は圧力を大きくすると、液体によく溶ける性質があります。このため、深く潜ったとき、人間の肺の中にある窒素は強い圧力によって血液に溶け出します。ところが、海面に浮上するときに急に圧力が減ると、溶け出した窒素が気体に戻るため、その粒が血管をふさいで潜水病を起こすのです。

クジラは、ふだんは数十メートル潜る程度ですが、時として数百メートル、マッコウクジラになると、一時間もかけて一〇〇〇メートル以上潜ることがあります。一〇〇〇メートルと言えば一〇〇気圧。ドラム缶もペッシャンコになる驚異的な圧力です。

どうして、そんなことが可能なのでしょうか。

その秘密は、まず、胸が柔らかいこと。深く潜ると水圧で縮み、肺も縮んで中の空気を押し出して窒素ガスが血液の中に溶け込まないようになっているのです。人間の場合は、絶えず高圧空気を吸っています。

一回の呼吸での肺の換気量が、人の一五〜二〇パーセントに比べて、クジラは八〇〜九五パーセントという効率のよさ。これで、失われた酸素を、短時間で血液や筋肉中に補うことができます。

また、潜水すると心臓の動きが遅くなって、体内の血液の流れを遅くさせ、血液中の酸素が早く失われるのを防ぎます。その血液にはヘモグロビンの中にたくさんの酸素を蓄えています。さらに、筋肉にはヘモグロビンに似たミオグロビンが陸獣より多く含まれていて、ここにもたくさんの酸素が蓄えられているのです。

なお、マッコウクジラの場合は、**体の三分の一を占める頭の部分に脳油という油が詰まっているために、ものすごい水圧にも耐えられる**のです。

トビウオは鳥のように飛ぶ？

トビウオはとても長い胸ビレを持っています。その胸ビレを使って、最高で四〇〇メートルも飛んだという記録があります。

と言っても、**鳥のようにはばたかせるのではなく、胸ビレを広げてグライダーのように飛ぶ**のです。

飛び上がるためには、水中で全速力で泳いで助走をつける必要があります。そのために、ほかの魚と違って尾ビレの下の部分が長くなっています。空中に体が出るときに最後まで尾ビレの下でスピードが持続できるので、空中での持久力も増すのです。

トビウオは風もうまく利用します。

凧《たこ》が上がる原理と同じように、風に乗って滑空するのです。つまり、向かい風に向かって飛び出して、風力を胸ビレに受けながら上昇していきます。最高四二秒間も飛んでいたという記録があります。

ところで、その目的ですが、なんとなく飛ぶという説もありますし、危険から身を守るためという説もあります。

また、船のエンジン音に驚いたり、夜間の照明に誘われて飛ぶ場合もあるようです。

カエルは水の中でも鳴いている？

夏の夜、田んぼのカエルの大合唱は、なんともにぎやかで、気にすると眠れなくなるほど。昼間のセミのうるささといい勝負です。

ところで、カエルの鳴いている姿を見ようと近づいても、どうしても見当たらないことがあります。これは、**水中や泥の中で鳴いているから**です。

人間をはじめ哺乳動物は、肺に吸い込んだ空気を少しずつ口から吐き出して、このとき喉にある声帯を振動させて声を出します。

ところがカエルは、特殊な声嚢《せいのう》という袋を持っていて、一度使った空気を口から出してしまわずに、この声嚢に溜めて、また肺に吸い込み、何回でも発声に使うことができるのです。

また、声嚢は共鳴器の働きもしているので、形が大きいほど声も大きく響くというわけです。トノサマガエルは、ほっぺたを大きく膨らまして鳴いていますが、あれが声嚢なのです。

サメの歯は何回も生え変わる？

サメと言えば人食いザメ、「ジョーズ」を連想する人も多いはず。大きく開かれた口がなんとも不気味な映画でしたが、ジョーとはアゴという意味。人間の場合は下アゴだけを動かして口を開けますが、サメの場合は上下とも動くからあの迫力になるわけです。

それにも増して恐ろしいのが、あの歯。とげのように鋭く長い歯が内側に向いていて、いったん食いついたら、ちぎり取るまで絶対に放さないのです。

しかも、**歯は何回でも生え変わることができます**。口を開けてみたらよくわかりますが、外側の歯の後ろに四〜五列も歯が並んで見えます。外側が抜け落ちると、内側の歯がエスカレーターのように出てくるのです。

身の毛もよだつような話ばかりですが、サメにも弱点はあります。浮袋がないため、泳いでいないと海底に沈んでしまうのです。

ラッコのグルメにはこんなわけがある！

お腹を上にして、貝を割る姿で一躍有名になったラッコ。その好物はアワビ、ウニ、カニ、イカと高いネタばかり。

ラッコを飼っている水族館では、一年に一頭当たり五〇〇万円の食費がかかるとか。一日一万円以上かかるというのです。

でも、これは人間が贅沢三昧をしているのとはわけが違います。

ラッコにはほとんど皮下脂肪がないため、高カロリーのものを体重の二〇〜三〇パーセント取り続けないと、冷たい北の海では生きていけないからです。

皮下脂肪がない代わりに、ラッコの毛は密度が高く、全身で八億〜一〇億本も生えています。この毛の中に空気を溜め込むことで厳しい寒さから身を守り、水面にも浮かんでいられるというわけです。

そのためラッコは毛をとても大切にして、食後や寝る前には必ず毛づくろいを丹念に行ないます。

サバはなぜ生臭いのか？

「秋サバは嫁に食わすな」という諺《ことわざ》通り、一一月頃に獲《と》れるサバは脂が乗っていて実においしいもの。イノシン酸、クレアチン、それに多量のヒスチジンなど多くのうまみ成分を含んでいるのも、おいしい理由です。

ただし、難を言えば生臭いこと。それでサバを敬遠する人もいるようです。しかし、これも調理しだい。

生臭さのもとは、アミン酸という成分。これは皮や皮と身の間の脂肪分に含まれていますが、水に溶ける性質があるので、洗い流してしまえばいいのです。

煮る前には、切り身の背を表にしてざるに置き、背の上から湯を十分に流します。

また、焼く前には、同様に背を表にしてざるにのせ、強めに塩をふるといいようです。

なお、サバを食べてジンマシンを起こす人がいますが、これはサバに含まれるヒスチジンによるもの。

残念ながら、そういう人は食べるのを控えたほうがいいでしょう。

ケムシにも鳥に食べられない知恵がある？

チョウやガの幼虫は、直径で一ミリほどの小さな卵からかえって、何回も脱皮を繰り返しながら長さ数センチ、体重はもとの三〇〇〇倍くらいに成長しますが、その間の食べっぷりと言ったら、お相撲さんも顔負けです。

しかし、食べ物は食べても、鳥に食べられたくない。かと言って、枝の陰に隠れてばかりいては飢え死にしてしまいます。

そこで多くのケムシは、昼は葉の茂みなどに隠れて、鳥の寝静まった夜になると枝先に上って葉をガツガツと食べるのです。

ところが、昼間活動するアゲハチョウ類の幼虫の場合は、そうもいきません。

この幼虫は、色、形は見事な保護色で食草とそっくり。先端には、鳥が大嫌いなヘビの目のような眼状紋がついていますし、もし鳥が攻撃してくれば、前端から嫌な臭いのある橙色の角まで出す。つまり防衛は二重、三重にもなっているのです。

さらに、面白い体のメカニズムを持っています。

消化管がカラになって細くなると、重力感覚との連動で、頭を上に向けて枝を上り始めます。そして、短時間に大急ぎで葉を食べ、消化管が太くなると、再び重力感覚との連係により、意思に関係なく頭は地面のほうを向き、安全な場所へと退避するのです。

「危険な場所には長居しない」、これがケムシの防衛本能です。海や山での遭難をよく起こす人間は、こうした防衛本能を忘れかけているのでしょうか。

ギネスブックもののノミのジャンプ力の秘密とは?

ノミは跳躍力の王者。**見た目には一〇～三〇センチしか跳んでいませんが、ノミの体長が一～二ミリだということを考え合わせれば、体長の一〇〇倍以上跳ねていることになります。**人間にしてみれば、身長一七〇センチの人が一七〇メートルのハードルを飛び越せるというわけ。また距離も三〇センチに及びますから、人間なら富士山を一二跳びくらいで登れる計算になります。

しかも、インドネズミにつくノミは、一時間当たり六〇〇回の割合で、休みなく七二時間も跳ね続けたという、ものすごい記録を残しています。

この驚異の跳躍力の秘密は、レジリンと呼ばれる伸び縮みの強いタンパク質があるため。レジリンは、ゴムのように引っ張られてから縮むと、蓄えられたエネルギーの九七パーセントも放出されるという効率のいい弾性体なのです。また、何か月もの間、平衡状態の三倍の長さに引っ張っておいても、それを放すと数秒以内で元の長さに戻るという優れた性質も持っています。

この驚異の力は先祖から受け継いだもの。今は羽のないノミも、先祖はシリアゲムシと言って羽を持っていました。その羽を動かす強い筋肉が、背中から側面に位置を変えて跳躍するためのものになったと言われています。

なお、レジリンは、トンボやバッタの羽の関節の靭帯《じんたい》の中にもあります。

第8章

おやつの時間は二時が正しい？

【知っていても得にはならない】雑学

水が水蒸気に変わるときは体積が一六五〇倍に膨れ上がる!

「なぜ、ヤカンの水は沸騰すると、フタを持ち上げるのだろう」

この疑問を、自分の力で解決したのがワットです。ワットの発明した蒸気機関のお蔭で、蒸気船や蒸気機関車が走り、文明が急速に発達しました。

さて、水には氷、水、水蒸気の状態があることはご存知の通り。水をヤカンに入れて沸かすと、水を構成している分子が活発に動き始めます。水のときには仲良く手をつないでいたのに、温度が上がるにつれて、好き勝手な動きを取るからです。一〇〇度で沸騰した状態が、一番活発なのは言うまでもありません。

そして、液体だった水が、水蒸気という気体になり始め、ヤカンの底からブクブクあぶくとなって出てきます。

水は固体の氷になると、体積が一〇パーセント増えるだけですが、水蒸気になると約一六五〇倍にも膨れ上がります。

これだけのすごい力ですから、ヤカンのフタを持ち上げるくらいは朝飯前。機関車だって船だって、走らせられるのです。

現在でも、石油を燃やして湯を沸かし、できた水蒸気の力でタービンを回して火力発電は動いていますし、原子力発電もやはり、水蒸気の力を利用しているのです。

なお、水蒸気は気体ですから目に見えるものではありません。ヤカンから出る湯気は、水蒸気が空気中に飛び出して冷やされ、再び水の粒になった状態。お間違いのないように。

逆立ちをして水が飲めるか？

「コップに入れた水を、曲がるストローを使って逆立ちで飲んでごらん」

と言われたら、**楽なものではありませんが、これが飲める**のです。なにしろ、馬やキリンを思い出してください。彼らは、いつもこの姿勢で食事をしています。それと同じこと。

食道は、約二五センチもある筋肉のチューブに粘膜がついたもので、下へ下へと運ぶ蠕動《ぜんどう》運動をしています。食道の壁にある輪状の筋肉と、縦に走る筋肉が交互に収縮しながら、食べ物を先へ先へと運ぶわけです。決して、食べ物が逆流することはありません。

ここを五～六秒で通過した食べ物は、胃に送られますが、食べ物が入ると同時に入り口の噴門は閉められ、逆流するのを防ぎます。ただし、胃の調子の悪いときは逆流も考えられます。逆立ちの実験は、健康なときにしたほうが無難なようです。

冷たいものをとり過ぎると、お腹が痛くなるのはなぜ？

クーラーのきいた部屋ならともかく、炎天下の暑さは相当なもの。熱射病で死亡する人が出るくらいです。夏はついつい冷たいものをとり過ぎて、お腹を壊すのも無理はありません。

食べたものは、胃の中で二～四時間ぐらいかけて、胃酸と酵素によってどろどろの液体状にすりつぶされます。続いて、十二指腸では、膵臓《すいぞう》から出る酵素と、胆汁によって分解が進み、小腸で無数の消化酵素の働きで、体内に栄養が吸収されていきます。

ところが、冷たいものをとり過ぎると、内臓の温度が下がってしまいます。酵素が働きやすい温度は体温に近い四〇度くらいで、高すぎても低すぎても、その働きは鈍ってしまいます。

そのうえ、**消化器官の運動を調節する神経や、筋肉も働きが弱ってしまいますから、正常に働かなくなり、お腹が痛くなるというわけ**です。

痛くなったら、とにかく温めるといいようです。

アンコウは深海底に棲んでいない？

アンコウと言えば、頭に提燈《ちょうちん》をつけて深い海底に棲んでいるというイメージがあります。

しかし、**それはチョウチンアンコウなどの一部の種類で、われわれが食用にしているキアンコウやクツアンコウは、水深三〇メートルくらいから棲む魚。**深くても、水深二〇〇〜三〇〇メートルくらいの底引き網にかかるところにいるようです。

そして、エサが捕れないときには海面まで上がってきて、海鳥を捕ることもあるという、ウソのような本当の話があるから驚いてしまいます。

昭和一一年二月に宮城県塩釜沖で捕獲された体長が約一・五メートルもあるアンコウの胃袋からは、四〇センチもあるハシブトウミガラスが出てきたという記録が残っていますし、アメリカでも、口いっぱいに海鳥をほおばったアンコウを捕獲したという話があるのです。

ところで、アンコウが海底に潜んでどうやってエサを捕るかと言えば、やはり、あのトレードマークの旗を使います。

魚が近寄ってきたら、寝かせてあった旗を立てて振り始めますが、旗は、表が皮の色で、裏が白く、三角形。これを振るとまるで幼魚が泳いでいるかのように見えるのです。体は決して動かさず、かなり魚が近寄ってもなかなか行動に移しません。確実に捕れる距離に魚が来たら、ヒレが変化した腕のようなものでサッと体を起こし、大きく口を開けて獲物を捕まえたかと思うと、二〜三度喉を膨らませて呑み込んでしまいます。そのあとで、一度大きなゲップをして魚と一緒に呑み込んだ水とウロコを吐き出し、これで食事は完了です。

これほどスムーズにいくのは歯のお蔭。というのも、アンコウの歯は三列に生えているうえに、下アゴや上アゴにも歯があって、呑み込んだ魚は絶対に逃がさないようになっているのです。

ヒラメの子供の目は片側に寄っていないって本当？

ヒラメと言えば、平べったくて、目が寄っているのが特徴。砂の中に隠れていて、獲物が来るのを待ち構えます。

そんなヒラメも、最初からこの姿をしているわけではなく、**生まれ立ては、普通の魚と同じように、目が両側についていて、形も平たくありません。**

これは、オタマジャクシの尾が消えて、手足が出てカエルになる変態と同じように、甲状腺ホルモンによるもの。

孵化後三〇日くらいすると、右目が頭の上を越えて左側に寄ってきて、体型も魚型からヒラメ型へと変化していくのです。目が定位置に来るのに、ほぼ一週間かかるとか。

こうしたヒラメの生態を研究したのは、三重県にある水産研究・教育機構の増養殖研究所。ヒラメを養殖しようと研究を進めていて、いろいろなことがわかったというわけです。

土用のウナギが一番おいしくない？

土用の丑《うし》の日には、「う」のつくものを食べて、灸《きゅう》をすえて暑気あたりを回避しようという習慣があります。

そんなことから、ウナギは夏の食べ物、夏が一番おいしいと思われがちですが、さにあらず。

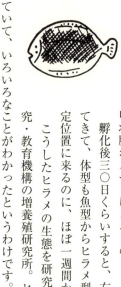

ウナギのように冬眠する魚は、その準備のためにエサをたっぷりとる冬眠直前がおいしいとされています。また、ウナギの場合、九〜一〇月に産卵のために川を下ってくる「下りウナギ」もたっぷり脂が乗っていて味はいいようですが、やや皮が固いので好みの分かれるところ。

五〜六月に獲れるウナギは、好物のカワエビを食べているので、ほのかにエビの香りがしておいしいという人もいます。皮も柔らかく、脂の乗りもほどよいので食べやすい味と言えましょう。

というわけで、**夏場以外のウナギがおいしいということになる**ようです。

しかし、今や天然ウナギの数は減る一方。それに天然ウナギは、春から秋にかけてしか獲れないため、あとの時期は養殖に頼るしかありません。

そこで、養殖はと言うと、かつては露地の池で三年もかけて育てていたので味がよかったのですが、現在はビニールハウス内の池で一〇か月で育て上げる方式。冬眠することがないため栄養を蓄えることがないので味は落ち、自然の生餌も食べられないので、風味も落ちてしまいました。

ただ、新しい試みとして、ウナギの人工孵化が技術的に可能になってきており、養殖に新しい道が開けてきています。

いずれにしても、ウナギのおいしさは焼き方が決め手。丹念に焼き上げた蒲焼きは柔らかく、見た目も美しく味も申し分ありません。土用の丑の日にウナギを食べるのなら、やはり評判のいい老舗に足を運ぶのがよさそうです。

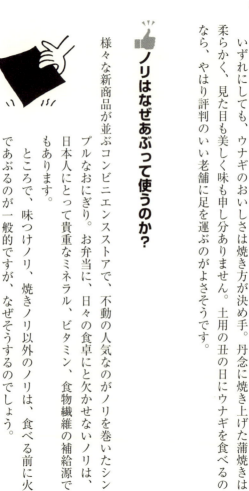

ノリはなぜあぶって使うのか?

様々な新商品が並ぶコンビニエンスストアで、不動の人気なのがノリを巻いたシンプルなおにぎり。お弁当に、日々の食卓にと欠かせないノリは、日本人にとって貴重なミネラル、ビタミン、食物繊維の補給源でもあります。

ところで、味つけノリ、焼きノリ以外のノリは、食べる前に火であぶるのが一般的ですが、なぜそうするのでしょう。

パリッとさせるため、と思われているかもしれませんが、実はそうではなく、**加熱することでノリのうまみや香りが引き出されるから**なのです。

加熱するとノリの細胞が完全に破壊され、細胞内に蓄えられたうまみが外に出ていきます。また、加熱によってノリの成分のアミノ酸と糖が化学反応を起こして、香りを出すとも言われています。

問題は焼き方。焼き過ぎてはせっかくの風味が落ちてしまいます。

一六〇度程度の火で軽く短時間にあぶること。それも、二枚一度に焼くのがポイントです。

これは、一枚を両面焼くと、裏と表では組織の収縮度が違うために組織がもろくなり、ノリが崩れやすくなってしまうからです。もし一枚だけ焼く場合は、半分に折ってするといいようです。

缶詰にも食べ頃がある？

非常袋に入っている缶詰、気がついたら七年も八年も経っていたなんていうことがあります。開けてみても悪くなってはいないようですが、味は今一つ。やはり、缶詰にも食べ頃があるようです。

とは言っても、缶詰だけは、新しいのがいいとは限りません。材料と調味料を入れた缶を高温、高圧で殺菌してつくるので、製造直後の缶詰は、味がしみ込んでいなかったり、混ざり合っていなかったりするためです。

たとえば、マグロの油漬けの場合は、蒸したマグロの身と調味油がほどよくなじむのは一年後で、五年くらいはおいしく食べられます。魚介類の水煮、油漬け、味つけ缶は、すべてこの時期が食べ頃。

果物のシロップ漬けなら半年から四年の間、アスパラガスやスイートコーンなど野菜の水煮缶は、半年から三年の間がおいしいとされています。

ちなみに、フタのところに表示されている数字が賞味期限。「190101」ならば、二〇一九年一月一日が賞味期限というわけです。

なお、製法が悪いものは保存も効きません。フタ、底の板が外側に膨らんでいたら、中に腐敗ガスが溜まっている証拠。

改めて家にある缶詰をチェックしてみてはいかがでしょうか。

肉や魚を焼くとき、ふり塩をするわけは？

肉や魚を焼く前には塩をふるのが普通ですが、これは味つけのためというよりも身を引き締めるため。

ふり塩をすると、肉や魚の表面の水分に塩が溶け出します。すると、浸透圧によって材料の中の水分が引き出され、身が引き締まり、形が崩れにくくなるのです。

また、肉や魚に含まれるタンパク質は、塩をふることで熱による凝固が早まるため、焼いたときに早く表面が固まり、内部のうまみが溶け出すのを防ぐという効果もあります。

塩をふるのは、肉なら焼く直前、魚も三〇分から一時間前くらいが適当です。あまり早すぎても、うまみが逃げておいしくありません。肉なら材料の重さの一パーセント、魚は二パーセントの塩を軽く握って、高い位置からパラパラとかけると、偏らないでいいようです。

海鳥は水を飲まなくても平気なのか？

人間にとって、水は生きる源。だから、水のあるところでしか暮らせません。海にはたくさんの水があると言っても、塩水ですから、これを飲んでいたのでは脱水症状を起こしてしまいます。

それでは、海に棲む海鳥たちはどうしているのでしょう。

実は海鳥たちは、海水を飲んでも脱水症状を起こしません。**体の中に濾過装置のようなものを持っていて、海水の塩分を濾し取って体外に排出し、水分だけを体の中に吸収しているの**です。

この濾過装置は鼻腺と言って頭の上部、目の上の両側にあり、余分な塩分は、鼻からくちばしを通って外に出されます。ウミガメが産卵のときに涙を流すと言われるのも鼻腺から出された塩分なのです。

ちなみに、海獣はどうかと言えば、海水はできるだけ飲まないようにして、エサに含まれている水分を吸収するだけで間に合うそうです。

圧力鍋には殺菌効果もある!?

　圧力鍋は、使い慣れるととても便利。なにしろ、時間のかかる煮豆も五分加熱するだけでできますし、玄米だっておいしく炊き上がります。固くてとても食べられないようなスネ肉もお年より向きに柔らかくなり、魚も骨までおいしく食べられます。

　これほど威力を発揮するのは、内部が一五〇度の高温で、気圧も四気圧と高くなっているためです。

　一八世紀、スコットランドのブラックという人が、密封して加熱したら内部の水蒸気の圧力が上がって、沸点が一〇〇度以上になるだろうと考えたのが、そもそもの始まり。ブラックは何度も失敗を繰り返して、容器が爆発して中身が飛び散ったり、破片でけがをしたりと苦労を重ねてつくり上げたのです。

　水は完全に密封した状態で加熱すると、摂氏三七四度、二一八気圧まで上昇させることができます。しかし、調理のためにはそれほど高温にする必要がないので、現在の圧力鍋は安全弁をつけて一五〇度以上にならないように設計されています。

また、安全装置が何重にもついているので、事故が起きないようにもなっているのです。「圧力鍋は爆発しそうで怖い」という声も聞かれますが、よい製品を選べば心配はいりません。

ところで、**一五〇度という高温は、殺菌効果も十分**。雑菌の多いレバーなども圧力鍋で調理すれば、安心して離乳食に使えます。また、ベビー用品の殺菌に使うのもいいでしょう。

ちなみに、缶詰は一一五度の高温で四〇分以上殺菌をしているそうです。

ヒマラヤスギの枝先が下向きなのは?

公園や庭園でよく見かけるヒマラヤスギは、ほかの樹木と違って、枝が真横よりも下向きに伸びているのが特徴です。

ヒマラヤという名前からして、雪が多い地方なので、枝に雪が積もり過ぎないように、あの形になったのでしょうか。

答えはノー。ヒマラヤスギの原産地はヒマラヤ西部の海抜二〇〇〇～三〇〇〇メートルのところ。モンスーン地帯なのですが、モンスーンの影響は受けずに乾燥しています。だから、冬でもほとんど雪が降りません。

下向きなのは、繁殖のため。ヒマラヤスギは、果実をつくって種子で繁殖しますが、それだけでは効率が悪いので枝で繁殖することが多いのです。

一番下の枝が地面に着くと、そこから根が出て新しい木が育つのです。この性質を利用して、ヒマラヤスギはよく挿し木が行なわれています。

杉の寿命は三〇〇〇年以上？

「鶴は千年、亀は万年」とは、長寿を代表するおめでたい言葉です。確かに、両者とも動物の中では寿命が長いのですが、それでも百年止まり。それに比べれば、樹木のほうがはるかに長いようです。

なかでも、広葉樹ではクスノキが、針葉樹では杉が長寿を誇っています。

杉はその産地によって、秋田杉、吉野杉などと呼ばれていますが、いずれも人が植林したもので、樹齢一〇〇年といったところ。

しかし、九州の南にある屋久島は、雨量が非常に多くて温暖なため、ヤクスギと呼ばれる巨大な杉が自生しています。

その樹齢はずば抜けて長く、すでに切株となったもので一二〇〇年以上経っているのは確実です。

また**生きているヤクスギの中で最も長寿とされるものは、樹齢三〇〇〇年以上と推定されています。この木は、縄文杉と名づけられて**、研究者の注目の的になっています。

ある学者は、樹齢を七二〇〇年以上と推定しました。

しかし、今から約六三〇〇年前に、近くの火山島で爆発があり、屋久島の杉も全滅したことがわかったため、この説は否定されました。

また、縄文杉の空洞の古い部分の木片は、物理的研究で二〇〇〇年くらい前のものとわかりましたが、空洞部分の樹齢ははっきりしていません。

このように、生きている木の樹齢を判断することはとても難しいのです。

ヒトゴロシノキ、ゴウトウノキ、バクチノキのうち、本当にあるのは？

樹木は何百種類もあって、それぞれ世界共通の学問的な名称と、日本語の名前（和名）がついていますが、和名の中には変わったものもあります。

右の三つのうち、本当にあるのはバクチノキ。サクラ科に属する樹木で、関東地方南部から本州西部、四国、九州などの暖かい地方に多く見られます。

サクラ科に属するのに、花が咲くのは秋で、常緑でかなり大きな木となります。

バクチノキの名の由来は、樹皮がはがれやすく、道具を使わなくても素手で何枚もはぎ取れること。バクチに負けて着物を一枚一枚はぎ取られることを連想させるので、この名がつけられたようです。

変わった和名としては、このほか、カエデ類のメグスリノキ、クス類のバリバリノキ、ヤナギ類のヤマナラシ、ユリノキ、ネズミサシ、イスノキなどがあります。

ただ残念ながら、なじみのない木ばかりで、実際にその姿を見てもわかる人は少ないようです。

キツツキは年中エサに不自由しない!?

その名の通り、キツツキは木を叩いて穴をあけ、木の中の虫を取って食べる鳥として有名です。

木の中の虫と言うと、甲虫類やその幼虫を連想しますが、キツツキが食べているのは意外にもアリ。

とは言っても、地中に巣をつくる種類ではありません。

アリには、枯れ木や枯れかかった木の中に巣をつくって、何千、何万という集団で生活する種類も多いのです。

キツツキは、そんなアリの巣を見つけては、くちばしから長い舌を出して、アリをなめるようにして、何十匹、何百匹と口に運びます。

アリの中には、女王アリと少数の雄アリだけで冬を越す種類もいますが、**木の中に巣をつくるアリは、冬でもその巣の中に多数**

が群がって越冬するので、キツツキは冬でもエサに困りません。なお、キツツキは、木に巣穴をつくるとき、縄張りを主張するときにも、木を叩きます。

落葉の大切な役割を知っているか？

秋が深まると、紅葉した葉は、一枚、また一枚と落ちていきます。残り少なくなった葉が、垂直にぶら下がって風に揺れているさまは、まるで、「冬が来るぞ、冬が来るぞ」とささやいているようです。

それにしても、葉のなくなった木はなんとも哀れ。寒さに向かって気の毒な気もしますす。しかし、それは逆。冬になって気温が低くなると、葉の生理活動が衰え、根からの水分の上昇も少なくなるので、葉を切り離し、厚い皮に覆われた幹と枝だけで過ごすほうが都合がいいのです。

それに、もう一つ、落葉には大切な役割があります。

人間からアメーバまで、動物には体内の不要物を排泄する器官があります。

しかし、植物には排泄器官はなく、いったん体内に入ったり、体内に生じたもののうち、捨てられるのは、酸素、二酸化炭素、水蒸気などの気体だけ。**それ以外の不要物はすべて、葉の細胞の中に溜められて、一年に一回、落葉のときにまとめて捨てる**のです。つまり、落葉は木の排泄物というわけです。

人間は、落葉にさまざまな思いを寄せ感傷にひたっていますが、木にしてみれば、一年のアカを落とせて、せいせいしているのかもしれません。

ニホンオオカミはなぜ絶滅したのか？

送り狼から、童話の狼まで、人間と狼は昔からかなり密接にかかわってきたようです。日本にも江戸時代までは、ニホンオオカミがかなりいて、夜になると、人家がまばらな街道筋などに出没するので人々に恐れられていました。

その頃は、人間に飼われて死んだ馬や牛が道路ぎわに放置されていることも多く、食糧にも困らなかったようです。

しかし、人口の増加や森林の伐採、それに銃の性能がよくなって、狩猟が発達し、オオカミが標的とされるようになってからは、急速に数が減ってしまいました。

やがて、明治に入ると、**飼い犬から感染したと思われる伝染病が、オオカミ社会に流行しました。**

群れをつくって行動していたため、バタバタと倒れ、街道近くはもとより、深い森の中にもその姿は見られなくなってしまったのです。

人間界も、長い歴史の中で、様々な伝染病によって脅かされてきましたが、集団で生活する動物の宿命とも言えるのでしょう。

ツキノワグマは主に何を食べているか？

ツキノワグマが人を襲ったという話を、特に最近は多く耳にします。

それからすると、ツキノワグマは肉食なのかと思ってしまいますが、そうではありません。

雑食性ですが、ほとんど植物質のものを食べています。 季節を追って紹介してみると、まず、冬ごもりから目覚めたクマは、地表に散らばっているドングリ、つまりミズナラの実をさかんに食べます。

雪がすっかり消え、植物の若芽が出る季節になるとウドやゼンマイを、初夏になると木に登ってブナの若芽を食べたり、ブナの下草として茂るチシマザサを食べたりします。夏の食べ物はキイチゴやクワの実、秋のごちそうはヤマブドウ、アケビなどの果実。そして、冬ごもり前には大量のドングリを食べるのです。

動物質としてはサワガニ、昆虫類、ハチが好物です。

いずれにしても、あの巨体を維持するためにはかなりの量をとらなければならないはず。そのために、クマは、海抜五〇〇～二〇〇〇メートルのブナとミズナラがたくさん生えている地域に棲息しているのです。

なお、クマが人を襲うのは、子グマを連れているときか、突然人に出遭って驚いた場合に限られます。

ミミズクの耳のような突起は何？

丸い大きな顔に大きな目玉のフクロウやミミズクは、鳥にしては珍しく目が前についていることもあり、なんとも愛敬があって親しみを感じさせてくれます。

ところで、オオコノハズク、トラフズクなどには頭の両側に大きな突起があって、まるで耳そっくり。

でも、これは単に毛の房に過ぎず（これを羽《う》角《かく》と言います）、本当の耳はその下のほうにあります。

なぜ、そのような毛が発達したかはよくわかっていません。

ただ、この突起がヤマネコの耳と似ていること、ミミズクの顔全体もヤマネコと似ていることから、**ミミズクの卵やヒナを襲うヘビやイタチに睨みをきかせるために、ヤマネコに擬態したのではないか**と考える人もいます。

親鳥は一日に何回ヒナにエサを運ぶか？

ワシやタカのような大型の鳥は、ウサギやヘビを捕まえてきて、ヒナに与えるので、エサを運ぶ回数も少なくて済みますが、小鳥はそうはいきません。

なにしろ、エサが毛虫などの小さな虫ですから、数羽のヒナに分け与えるにはかなりの数が必要となるからです。

イギリスで行なわれたコマドリの観察結果では、小鳥の両親は一時間に二九回もエサを運んできたと言います。つまり、二分に一回の割合です。

日本のシジュウカラは、ヒナがかえって数日間は、父親のオス鳥だけがエサを運ぶために奔走しています。

母親のメス鳥は巣に残って、まだ毛の生えないヒナを体温で温めてやらなければなりません。父親がエサを運んでくると、母親がそれをくちばしで受け止めてヒナに与えるのです。

ヒナが少し大きくなると、母親も巣を出て両親でエサを運ぶようになります。ヒナの食欲がどんどん増すので、二羽で運ばないと間に合わないからです。**多いときには、一日に数百回にも及びます。**

扇風機の騒音を抑えられたのはフクロウのお蔭？

最近の電気製品は、音の静かなものがもてはやされています。特に洗濯機は、モーターを包み込む設計にすることで音が外に漏れないようにして、けたたましい脱水機の音を消すことに成功、ヒット商品となりました。

扇風機も以前に比べるとぐっと静か。こちらは、音を立てないで飛ぶフクロウの羽の原理を研究した成果なのです。

フクロウは夜行性の鳥で、暗くなるとネズミやモグラ、昆虫などの獲物を狙って畑や野原などを飛び回ります。

その目はとても優秀で、人間の一〇倍も感度がいいため、暗闇でも獲物を捕まえることができますし、ほかの鳥と違って両目とも顔の前に並んでいるため、物を立体視したり、距離感をつかむのも正確です。

また、とりわけ大きな耳の穴で、どんな小さな音も逃しません。

しかし、暗闇の狩猟で最大の武器は、音を立てずに飛べることでしょう。夜活動する生き物は、特に音に敏感。獲物を狙うには、大事なことなのです。

ネコもその道ではプロですが、その秘密は足の裏にある丸い膨らみ。これがクッションになって音を防ぎます。

フクロウの場合は、羽毛が真綿のように柔らかいので、羽毛同士がすれ合っても音が出ないようになっているのです。体重の割に大きな翼を持っているのも、ポイントの一つ。羽ばたく回数が少なければ、音も小さくて済みます。

そして、ほかの鳥と違って、羽の前縁はクシの歯のようにギザギザしていて、後縁には、細かい羽毛が一面に並んでいます。このために、翼にそった空気の流れが整えられて、音を出す渦の発生が抑えられるというわけです。

扇風機も、羽根の面積の大きいものにして、枚数を多く、カーブを滑らかにしたことで、ずいぶん音が静かになったのです。

おやつの時間は二時が正しい？

「三時だからおやつにしましょう」

こう言えば、子供たちがどこからともなく集まってきます。このおやつという言葉は、江戸時代に使われていた時刻の「八つ」からきたもの。

時代劇を見ていると「暮れ六つ」とか「七つ」などの言葉が出てきます。江戸の町には時刻を知らせる鐘があって、四つから九つまでをつき分けていたのです。

もちろん「四つ」と言っても今の四時とは違います。「四つ」は、午前一〇時頃と午後一〇時頃、「五つ」は午前八時頃と午後八時頃、「六つ」はほぼ今と同じで午前六時頃と午後六時頃。そして、「九つ」は、午前零時頃とお昼の一二時頃を表わしていました。

だから、**「八つ」と言えば午前二時頃と午後二時頃のこと。**つまり、おやつの時間は今より一時間も早かったということになります。

ところで、江戸時代には、十二支で表わす時刻も使われていました。

まず十二支の最初の「子《ね》の刻」は、今の二三時から午前一時までの二時間。次の「丑《うし》の刻」は午前一時から三時までの二時間というふうに二時間ずつ区切られていたのです。

「草木も眠る丑三つどき」の「丑三つ」と言えば、午前二時～二時半頃。「三つ」は、それぞれの刻を四つに分けた三番目の時間という意味なのです。この言葉を聞いただけで、なにやらお化けが出そう。

ネコの目で時刻がわかる？

ネコの目をよく見ると、瞳が、光の強さによって大きく開いたり細くなったりしているのがわかります。

今のように時計が普及していなかった昔は、このネコの目を時計代わりにしていた

とか。

日本の古い歌には、こんな意味のものが残っているそうです。

「午前六時と午後六時には、ネコの目は円形。午前八時と午後四時には卵形。午前十時と午後二時には柿のタネのよう。お昼頃には針のように細くなる」

生活の知恵の最たるものと言えそうです。

ところで、このネコ目時計を戦争に利用した人がいます。豊臣秀吉の時代の人で、今の鹿児島あたりを治めていた島津義弘。

義弘は、秀吉の命令で朝鮮出兵をするときに、ネコを七匹連れていき、各グループに一匹ずつ渡して「ネコの目が柿の種になったら作戦開始じゃ」というように使ったというのです。これなら挟み撃ち作戦も同時にできてうまくいきました。

もっとも、朝鮮に行ったほかの軍隊が、ネコを使わなかったからか、ほとんど負けいくさ。秀吉の野望は破れてしまったのです。

それはともかく、このネコたちのうち、五匹は名誉の戦死を遂げ、二匹は無事日本に戻ってきました。鹿児島県には、そのネコたちを「ネコ神様」として祭ってある神社が今でも残っているそうです。

かつてはナメクジにも殻があった!?

「カタツムリが殻を取ったらナメクジになる」

あまりにも似ているカタツムリとナメクジを見ていると、ついこんなことが頭に浮かんできます。

もちろん別個の種類なのですが、**ナメクジもカタツムリも同じ巻き貝の仲間で、かつてはナメクジにも殻がありました。それが、退化して今の姿になってしまった**のです。その当時のナメクジとカタツムリは、とても似ていたのでしょう。

ところで、この二つ、ほかにも似ているところがあります。どちらも雌雄同体と言って、一匹の中に雄と雌の両方の機能を持っているのです。相手が見つかれば交尾をしてお互いに精子を交換し合い、両方が卵を産むのです。

同じ草食なのにウマが特別面長なのはなぜ?

顔の長い人をウマづらと言いますが、ウマの顔は、キリンやシカ、ウシなど顔の長い動物の中でも、やっぱり一番。なぜ長いかと言えば、それには食べ物が関係しています。顔の長い動物を思い出してみると、どれも草食性。

草を食べるには、消化しにくい草を歯でよくすりつぶさなければなりません。そのためには大型の臼歯が必要で、それを骨の上に載せるために長くて丈夫なアゴが発達したというわけです。

ところで、ウマは最初からウマづらだったわけではありません。五〇〇〇万年前の北アメリカに棲息していたヒラコテリウムと呼ばれるウマの先祖は、木の葉を主食にして暮らしていました。

しかし、今からおよそ二五〇〇万年前から草原が発達し始めると、森林から草原へと棲みかを変えるものが出てきたのです。

草は木の葉よりずっとセルロースが硬く、消化しにくいもの。そこで、どんどん臼歯が発達していき、ウマづらが誕生したというわけです。

ウシがウマより顔が長くないのは、胃の中の草をもう一度噛み直す、反芻《はんすう》によってセルロースを消化しているため。この方法のほうが、噛むだけで消化する方法よりもはるかに効率がいいようです。

その証拠に、ウマ類は衰退の道をたどり、ウシ類はヤギ、ヒツジをはじめ多くの種類が栄えているのです。

赤身と白身の魚はどこがどう違う?

魚には、味の濃い身の締まった赤身と、淡白で柔らかい白身があります。

赤身の魚と言えば、カツオ、マグロなどの大型の魚やアジ、イワシなどの小型の魚。いずれも、群れをつくって回遊しているのが特徴です。

一方、白身の魚と言えば、ヒラメやカレイ、フグ、タイなど、近海の魚ばかり。

両者を比較してみると、筋肉の使い方がまるで違います。

つまり、白身の魚は短距離型。入り組んだ海岸線付近で敵を追いかけたり追いかけられたりするのですから、素早く動くが疲れやすい速筋が発達します。

赤身の魚はと言うと、長距離型。ゆっくり縮み、疲れにくい遅筋が発達しています。遅筋が赤く見えるのは、筋肉に酸素を供給するミオグロビンというタンパク質の密度が速筋よりも高いため。ミオグロビンが酸素を供給し続けるお蔭で、長く運動ができるというわけです。

こうしたことは、人間にも当てはまり、短距離選手は速筋が発達し、長距離選手は遅筋が発達しているのはすでに述べた通りです。

そのほかの動物でも、ウサギやネコは速筋が多く、イヌやカメは遅筋が多いなど、それぞれの動きに合わせて筋肉の発達の仕方が違います。

クジラやイルカは、なぜ塩分のとり過ぎにならないのか？

魚が塩分の濃い海水で生きていられるのは、塩分を排出する塩類細胞という大型の細胞がエラについているため。エラで呼吸するたびに、塩類細胞から体内の余分な塩分を排出しているのです。

それでは、クジラやイルカはどうなのでしょう。人間と同じ哺乳類ですから、もちろん塩類細胞は持っていません。

海の中の生活では、汗をかくなどして水分を失うことがほとんどありません。そのため、あえて海水を飲まなくても食べ物に含まれている水分で十分まかなえます。エサのタンパク質と脂肪が体の中で分解され、エネルギーと水と炭酸ガスなどに変わるのです。

そして、**エサに含まれる塩分は、特大の腎臓が大量の尿をつくって塩分を排出します。**腎臓の体重当たりの大きさは、人間の一・五～三倍。小腎という小さな部屋がたくさん集まった構造で、効率よく尿がつくられるのです。

ただし、尿の塩分濃度は人間と同じ。そのぶん、大量に食べて大量に水をつくらなければなりません。一〇〇トンのシロナガスクジラが一日に食べるオキアミは、四トンもの量になるのです。

鳥が酸素マスクなしで七〇〇〇メートルの上空を飛べるわけ

少々古い話になって恐縮ですが、一九七六年秋、日本イラン合同マナスル隊は、七日間で延べ三〇〇羽のソデグロヅルがマナスル主峰の七〇〇〇メートル付近を越えていくのに出遭いました。

ツルたちは、朝、チベットの平地を飛び立って、その日のうちに一気にヒマラヤを越えていくのでしょう。その気温差、酸素濃度の違いをものともしない能力は、人間には真似のできるものではありません。

こうした能力は、平地に棲むスズメでさえ持っているというから驚きです。**寒さに対しては、羽毛が保温力に優れている**ことからもわかります。では、薄い空気に対してはどのようになっているのでしょう。

これは、**鳥の肺に気囊《きのう》という空気を溜めておく袋がいくつかついているお蔭**。鳥が息を吸うと空気は肺と同時に気囊にも入り込み、空気を吐き出すときには、気囊の空気が肺を通過してから体外に出るのです。だから、鳥は一回の呼吸で二度も酸素を肺から血中に送り込めるというわけです。

さらに気嚢は、血管のように枝分かれして体の隅々まで張り巡らされています。これは空洞になっている骨の中にも延びていて、熱の放散にも有効な働きをしています。

ラクダのコブには何が詰まっているの？

古くから「砂漠の船」と言われ、砂漠の旅には欠かせないラクダは、水がなくても長期間生き延びられる不思議な動物です。

かつてはコブの中に水を蓄えているという説もありましたが、コブの中は脂肪ばかり。この脂肪を分解して、水をつくっているわけでもなさそうです。

ラクダの生態を詳しく調べたシュミット・ニールセンによると、水を与えずに、暑い夏の砂漠に置いたラクダは、八日間で体重が一〇〇キログラム、つまり二二パーセントも減少したと言います。

人間ならば、体重の五パーセント以上の水を失ったら知覚が乱れ、一〇パーセントでは精神錯乱、そして砂漠で一二パーセント以上の水を失えば、日射病を起こして死んでしまいます。ラクダがいかに乾燥に強いかがわかります。

それだけではありません。二二パーセントの水を失ったラクダに水を与えると、一気にたくさんの水を飲んで、約一〇分後には、やせ細った体が正常な状態に戻ってしまうというのです。一分間に一升びん三本弱の割合で、二〇分間に約一〇〇リットルの水を飲んだという記録もあります。

ラクダが水を飲まなくても平気でいられるのは、体内の水分を失った場合でも血液の量に変化がないため。

人間は、こうした場合、血液が水分を失って濃くなり、循環が遅くなって体内の熱が発散しなくなるのです。

また、ラクダは体温調節が巧みで汗をほとんどかかないため、水分を失う量も少なくて済みます。その体温調節に役立っているのが、体についている厚い毛。暑い日射しで、皮膚が火膨れになるのを防いでいるのです。アラブの遊牧民が厚いマントをはおっているのも同じ理由からです。

ちなみに、ラクダの体温は、明け方は三〇度くらいで、真夏の日中は四〇度くらいまで上がると言います。

では、コブの働きは何かと言えば、栄養分の貯蔵庫。そして、クーラーの役目。砂漠の激しい直射日光に対して、優れた絶縁体となって、外からの熱を遮断する働きがあるのです。

もし、人間のように皮下脂肪がついていれば、体温の発散が悪くなって暑さには耐えられないはず。コブとして蓄えているからこそ、砂漠で生きられるのです。ラクダとコブ、切っても切り離せないものなのです。

参考文献

原稿作成の際、以下の各書を参考にさせていただきました。ありがとうございます。

『大百科事典』（平凡社）
『宇宙のナゾ』堀源一郎著　赤塚不二夫漫画（潮出版社）
『地球と宇宙なるほどゼミナール』森暁雄（日本実業出版社）
『地球の科学』竹内均　上田誠也（日本放送出版協会）
『続地球の歴史』竹内均（日本放送出版協会）
『自然界びっくりサイエンス』春田俊郎（実業之日本社）
『「森」のクイズ100』春田俊郎（講談社）
『ＱＡ臨時増刊号　動物大疑問』（平凡社）
『動物の一生不思議事典』戸川幸夫監修（三省堂）
『動物好きの人のオモシロ事典』伊藤政顕（ＫＫベストセラーズ）
『ツルはなぜ一本足で眠るのか』小原秀雄著　渡辺冨士雄絵　ぐるーぷ・ぱあめ編（草思社）
『世界の動物雑学事典』毎日新聞社編（毎日新聞社）
『チョウは零下196度でも生きられる』太田次郎（ＰＨＰ研究所）
『クジラ』大隅清治（らくだ出版）
『マグロは時速160キロで泳ぐ』中村幸昭（ＰＨＰ研究所）
『大人のウンチク読本』樋口清之監修（実業之日本社）
『雑学おもしろ読本』日本社編（日本社）

『QA臨時増刊号　元祖大疑問』（平凡社）
『別冊宝島　科学読本』（宝島社）
『科学の質問箱』子供の科学編集部編（誠文堂新光社）
『アンクル米松の不思議眼鏡』塩野米松（小学館）
『そこが知りたい』TBS文化情報部編（河出書房新社）
『科学おもしろ記録』大朏博善（ミデアム出版社）
『科学ってこんなに面白い』崎川範行（PHP研究所）
『暮らしの中の化学質問箱』山崎昶（講談社）
『母と子の科学問答　上・下』愛知県立瑞陵高等学校理科研究会編（中日新聞本社）
『子供のなぜに答える本』中村桂子（PHP研究所）
『からだのふしぎクイズ事典』笠原秀編（学習研究社）
『からだのふしぎじてん』A・M・デイビス著　毛利子来監修　毛利ミドリ訳（岩崎書店）
『驚異の小宇宙・人体　1〜6』NHK取材班（日本放送出版協会）
『ヒトはなぜ眠くなるのか』土肥一郎（PHP研究所）
『食べものおもしろ事典』樋口清之監修（主婦と生活社）
『「こつ」の科学』杉田浩一（柴田書店）
『味のしくみ』河野友美（日本放送出版協会）
『野菜の博物学』青葉高（講談社）
『お台所クラブ』結城貢監修　南伸坊絵（読売新聞社）
『お魚おいしい雑学事典』大洋漁業広報室編（講談社）
『台所なるほど科学事典』河野友美（PHP研究所）

本書は、同文書院より刊行した『頭にやさしい雑学読本』1～3を再編集のうえ、改題したものです。

竹内　均（たけうち・ひとし）
福井県生まれ。東京大学名誉教授。理学博士。地球物理学の世界的権威。科学雑誌『Newton』の初代編集長として、青少年の科学啓蒙に情熱を傾けるかたわら、「人生の幸福」について深く探求し、自己実現の具体的な方法を説く。主な編訳書に『自助論』『わが息子よ、君はどう生きるか』『渋沢栄一「論語」の読み方』（以上、三笠書房）、『向上心』（三笠書房《知的生きかた文庫》）など多数。また、『時間を忘れるほど面白い 雑学の本』『もっと「話が面白い人」になれる 雑学の本』『読み出したらとまらない 雑学の本』（以上、三笠書房《知的生きかた文庫》）など編著書も多い。

知的生きかた文庫

頭《あたま》にやさしい雑学《ざつがく》の本《ほん》

編　者　竹内《たけうち》　均《ひとし》
発行者　押鐘太陽
発行所　株式会社三笠書房
〒一〇二―〇〇七二　東京都千代田区飯田橋三―三―一
電話〇三―五二二六―五七三四〈営業部〉
〇三―五二二六―五七三一〈編集部〉
http://www.mikasashobo.co.jp
印刷　誠宏印刷
製本　若林製本工場

ISBN978-4-8379-8537-2 C0130

C50341

知的生きかた文庫

頭のいい説明「すぐできる」コツ

鶴野充茂

「大きな情報→小さな情報の順で説明する」「事実＋意見を基本形にする」など、仕事で確実に迅速に「人を動かす話し方」を多数紹介。ビジネスマン必読の1冊！

なぜかミスをしない人の思考法

中尾政之

「まさか」や「うっかり」を事前に予防し、時にはミスを成功につなげるヒントとは――「失敗の予防学」の第一人者がこれまでの研究成果から明らかにする本。

できる人の語彙力が身につく本

語彙力向上研究会

あの人の言葉遣いは、「何か」が違う！「舌戦」「仄聞」「鼎立」「不調法」「鼻薬を嗅がせる」「半畳を入れる」……。知性がきらりと光る言葉の由来と用法を解説！

アメリカ海軍に学ぶ「最強のチーム」のつくり方

マイケル・アブラショフ
吉越浩一郎 訳・解説

海軍で一番ダメだった軍艦ベンフォルドの新任艦長が、同艦をわずか6カ月で全米1に育て上げるまでの真実の物語――この方法は、どんな職場にも活かせます！

食べても食べても太らない法

菊池真由子

ハラミよりロース、キュウリよりキャベツ、ケーキよりシュークリーム……ちょっとした選び方の工夫で、もう太らない！ 管理栄養士が教える簡単ダイエット。

C50331

C30116